実践 SCM
サプライチェーンマネジメントの基礎知識

菊池康也 [著]

税務経理協会

まえがき

　現在，サプライチェーンマネジメントは，ビジネス世界で最もホットな話題のひとつとなっている。サプライチェーンが出現した背景として，市場の不確実性の増大，グローバル化の進展，大競争時代への突入，経営のスピード化の進展，さらには規制緩和，情報技術の進展など企業を取り巻く競争的環境が大きくパラダイムシフトしたことによって，現在，従来の個々の企業の競争戦略では限界があり，サプライチェーンを通して高い価値の競争戦略が必要になったからである。

　すなわち，企業を取り巻く環境が大きく変化することによって，企業対企業の競争ではなく，サプライチェーン対サプライチェーンの競争の時代に入ったことだ。

　以上のように，企業を取り巻く環境変化によって，サプライチェーンマネジメントの重要性がますます増してきている。

　このサプライチェーンマネジメントは，顧客価値を付加するモノ，サービス，情報を供給するサプライヤーからエンドユーザーまでの企業間統合で，この企業間統合こそサプライチェーンマネジメントの本質といえる。

　サプライチェーンマネジメントの本質である企業間統合について，筆者は，機能，活動の統合と関係の統合を考えるが，その目指すところは，企業内，企業間の「モノの動き」の統合，つまり，企業内，企業間の需要と供給の統合といえる。

　これについて，CSCMP（Council of SCM Professionals，サプライチェーンマネジメント専門家会議，旧ＣＬＭ）は，最近，サプライチェーンマネジメントを，次のように定義している。

　「サプライチェーンマネジメントは，調達と購買，組立加工とロジスティクス活動にかかわる計画と管理を含む。また，重要なことは，サプライヤー，中間業者，サードパーティプロバイダーと顧客であるチャネルパートナーとの協調と協働を含む。本質的に，企業内，企業間の需要管理と供給管理を統合する

ことである」。

　これは，サプライチェーンマネジメントが，企業内，企業間の需要管理と供給管理を統合することを目指している。

　企業内，企業間の需要管理と供給管理を統合することは，企業内，企業間において，顧客の満足が得られるよう需要（販売）と供給（生産，調達，ロジスティクスなど）をうまくマッチングして，ムダなく製品を顧客に届けるということである。

　この企業内，企業間の需給統合は，最近，特に企業を取り巻く環境変化によって，ますます重要性が増してきている。

　つまり，需給統合は市場の変化がますます激しくなっているところから，市場変化に俊敏に対応して，売り損じ，売り余りを最小化して，キャッシュ・フローの効率化，また，製品の差別化が困難になっているところから，ビジネスプロセスの差別化のためのビジネスプロセスの改革，さらには，1企業では限界があるため，企業間でパートナーシップを組んで，劇的なサービス向上やコスト削減することなどによって，企業が競争優位性を確保するための重要な差別化戦略となっている。

　そこで，本書では，企業内，企業間の需要と供給の統合を実践するための基礎知識や具体的な事例を中心に著した。

　本書を著すにあたり，内外の多くの文献を参考にさせていただいた。直接引用した箇所や事例を参考にしたり掲載させていただいたところは，その著者や出版社に紙面を借りて御礼申し上げます。

　本書を通じて，ビジネスマンが企業のサプライチェーンマネジメントの実践に少しでも役立てば，筆者にとって，望外の幸せとするところである。

　なお，本書を著すにあたり，出版の専門的立場からいろいろ助言と指示を賜った税務経理協会書籍企画部課長　新堀博子氏に厚く御礼申し上げます。

2008年3月

菊池康也

目　次

まえがき

第1章　サプライチェーンの定義 ………………………………… 1
1.1　サプライチェーンの定義 ……………………………………… 2
1.2　サプライチェーンの類型 ……………………………………… 3

第2章　サプライチェーンマネジメントの定義 ……………… 7
2.1　サプライチェーンマネジメントの代表的な定義の分析 …… 7
2.1.1　範囲について ……………………………………………… 9
2.1.2　流れの対象について ……………………………………… 9
2.1.3　目的について ……………………………………………… 9
2.1.4　統合について ……………………………………………… 10
2.1.5　コンセプトについて ……………………………………… 10
2.2　サプライチェーンマネジメントの定義 ……………………… 11

第3章　サプライチェーンマネジメントの重要性 …………… 13
3.1　企業を取り巻く環境変化 ……………………………………… 13
3.2　サプライチェーンマネジメントの重要性 …………………… 14

第4章　サプライチェーンマネジメントの困難性と
　　　　　課題およびその対応 ……………………………………… 19
4.1　サプライチェーンマネジメントを困難にしている要因 …… 19
4.1.1　需要の不確実性（不安定性）がますます増大していること …… 19
4.1.2　輸送リードタイムの不確実性がますます増大していること …… 20

1

4.1.3　チャネル間の多段階の意思決定によって情報の劣化,すなわち,
　　　　　ブルウィップ効果が出ること …………………………………………20
　　4.1.4　チャネル間の活動や行動のギャップによって,各企業の論理
　　　　　（目標）が存在していること…………………………………………20
　　4.1.5　チャネル間の能力ギャップによってボトルネックが発生する
　　　　　こと ………………………………………………………………………20
　　4.1.6　サプライチェーンのエンドユーザーの側に近づけば近づくほ
　　　　　ど,進化の速度が加速すること ………………………………………21
　4.2　サプライチェーンマネジメントの課題 ……………………………………21
　4.3　サプライチェーンマネジメントの課題への対応 …………………………22
　　4.3.1　サプライチェーンを通して,製品や工程を設計すること ………23
　　4.3.2　サプライチェーンを通して,データベースを統合すること ……23
　　4.3.3　サプライチェーンで統制と計画支援システムを統合すること …23
　　4.3.4　組織のインセンティブを再設計すること ………………………23
　　4.3.5　サプライチェーンにおける業績評価を設定すること …………23
　　4.3.6　サプライチェーンの見方を拡大すること ………………………24

第5章　サプライチェーンマネジメントの進め方 ……………25
　5.1　企業やサプライチェーンをめぐる環境分析 ………………………………25
　5.2　サプライチェーンの改革目標の設定 ………………………………………26
　5.3　サプライチェーンの戦略の策定 ……………………………………………27
　5.4　現状サプライチェーンとのギャップ分析 …………………………………30
　　5.4.1　戦略レベル …………………………………………………………30
　　5.4.2　構造レベル …………………………………………………………31
　　5.4.3　オペレーションレベル ……………………………………………33
　5.5　サプライチェーンの戦略実現のためのマネジメント活動の実施 ………34
　　事例5－1　シャープのサプライチェーンの戦略目標　　27
　　事例5－2　シャープの需要プル型商品供給　　28

目　次

　　事例5－3　デルのダイレクトモデル　28
　　事例5－4　リーバイストラウスの生産延期戦略　29
　　事例5－5　ゼロックスの3PL　29

第6章　インターナルサプライチェーン統合 ……………37
　　　　　（企業内サプライチェーン統合）
　6.1　インターナルサプライチェーン統合 ……………………37
　6.2　企業内需給統合の企業での役割 …………………………38
　6.3　企業内需給統合の計画と実行 ……………………………39
　6.4　企業内需給統合を実行する上での留意点 ………………40

第7章　企業内需給統合化 …………………………………43
　7.1　「モノの動き」の同期化 …………………………………44
　　7.1.1　各部門の「全体最適」の意思決定 …………………44
　　7.1.2　各部門の責任の明確化 ………………………………45
　　7.1.3　各部門間で情報の共有化 ……………………………45
　　7.1.4　各部門のボトルネックの発見と改善 ………………46
　　7.1.5　各部門間のコミュニケーションルールの明確化 …46
　　7.1.6　各部門の需要対応能力の向上 ………………………46
　7.2　「モノの動き」のスピード化 ……………………………46
　　7.2.1　「情報の動き」のリードタイムの短縮 ……………47
　　7.2.2　「モノの動き」のリードタイムの短縮化 …………49
　　7.2.3　部門間の業務をスピード化するための情報システムの構築 ……51

第8章　企業内需給統合と需要管理機能 …………………53
　8.1　同　期　化 …………………………………………………54
　　8.1.1　「全体最適」需要管理システム ……………………54
　　8.1.2　適正な販売計画の策定 ………………………………54

        8.1.3 需要予測の精度の向上 …………………………………………56
        8.1.4 需要コントロール ………………………………………………59
   8.2 スピード化 ……………………………………………………………60
        8.2.1 販売計画立案の多頻度化 ………………………………………60
        8.2.2 販売計画と実績とのギャップへの迅速，的確な対応 …………60
     事例8－1　パイオニアの販売予測と販売計画の区別　　55
     事例8－2　アスクルの新需要予測ソフトの採用　　57
     事例8－3　ワールプールのS＆OP　　58
     事例8－4　花王の需給調整のための生販物統合会議　　60

第9章　企業内需給統合と生産機能 ……………………………………63
   9.1 同　期　化 ……………………………………………………………64
        9.1.1 需要プル型生産システム …………………………………………64
        9.1.2 「全体最適」生産システム ………………………………………65
   9.2 スピード化 ……………………………………………………………65
        9.2.1 生産計画立案の多頻度化 …………………………………………66
        9.2.2 生産確定期間の短縮化 ……………………………………………66
        9.2.3 生産計画の変更をスピーディに行う体制の確立 ………………67
        9.2.4 生産リードタイムの短縮化 ………………………………………67
        9.2.5 生産の先送り ………………………………………………………67
        9.2.6 柔軟な生産調整 ……………………………………………………69
        9.2.7 増産の瞬発力の養成 ………………………………………………69
        9.2.8 減産や製造中止対応への事前準備 ………………………………69
        9.2.9 大ロットから小ロットで柔軟に生産できる体制の確立 ………69
     事例9－1　エアバスインダストリーのプル生産方式　　65
     事例9－2　ヤマハ発動機の生産計画サイクルの短縮化　　66
     事例9－3　シャープの生産決定時期の早期化　　66
     事例9－4　デルのＢＴＯ（Build to Order）　　68

目　次

第10章　企業内需給統合と調達機能 …………………………………71

10.1　同　期　化 ……………………………………………………72

　10.1.1　需要プル型調達システム ……………………………………72

　10.1.2　「全体最適」調達システム …………………………………72

　10.1.3　サプライヤーの集約 …………………………………………73

　10.1.4　購買部門の集約 ………………………………………………73

　10.1.5　共同調達 ………………………………………………………74

　10.1.6　ｅ－調達 ………………………………………………………75

　10.1.7　グローバルソーシング ………………………………………76

10.2　スピード化 ……………………………………………………76

　10.2.1　調達計画立案の多頻度化 ……………………………………76

　10.2.2　調達確定期間の短縮化 ………………………………………76

　10.2.3　調達計画の変更をスピーディに行う体制の確立 …………77

　10.2.4　調達リードタイムの短縮化 …………………………………77

　10.2.5　柔軟な購入量の調整 …………………………………………78

　10.2.6　大ロットから小ロットで柔軟に調達できる体制の確立 …78

　事例10－1　ヘキスト・シラニーズのサプライヤーの集約　73

　事例10－2　ソニーEMCSの調達部門の一元化　74

　事例10－3　日本コカコーラグループの共同調達　74

　事例10－4　GEのｅ－調達　75

　事例10－5　シャープの調達リードタイムの短縮　77

第11章　企業内需給統合と製品開発設計機能 ………………………79

11.1　同　期　化 ……………………………………………………80

　11.1.1　「全体最適」製品開発設計システム ………………………80

　11.1.2　製品開発設計プロセスへの生産・調達・ロジスティクス
　　　　　担当者の参加 …………………………………………………80

　11.1.3　新製品の市場導入にあたって，既存製品の動きを考慮して，

　　　　阻害要因にならないようにすること……………………………81
　　11.1.4　新製品の販売促進企画について，必要以上に新製品の導入
　　　　により大きな出荷活動を生まないようにすること………………82
　　11.1.5　新製品の市場導入にあたって，流通のカバー率や品切れに
　　　　留意すること…………………………………………………………82
　　11.1.6　新製品の市場導入にあたって，最近普及率が早く，価格下
　　　　落を急激なので，特に，需給に配慮すること……………………82
　11.2　スピード化……………………………………………………………83
　　11.2.1　製品開発設計リードタイムの短縮化……………………………84
　　11.2.2　部品の共通化………………………………………………………84
　　11.2.3　多品種化への歯止め………………………………………………84
　　11.2.4　定期的アイテムの整理……………………………………………85
　　11.2.5　製品打ち切りへの対応……………………………………………85
　　事例11－1　イースマンコダックの製品開発プロセスへの他部門の担当者の
　　　　参加　81
　　事例11－2　シャープの新製品導入　81
　　事例11－3　ミズノの製品開発期間の短縮　84

第12章　企業内需給統合とロジスティクス機能……………87
　12.1　同　期　化……………………………………………………………88
　　12.1.1　「全体最適」ロジスティクスシステム……………………………88
　　12.1.2　顧客サービスの向上………………………………………………88
　　12.1.3　共　同　配　送……………………………………………………89
　　12.1.4　ロジスティクス事業者の集約……………………………………90
　12.2　スピード化……………………………………………………………90
　　12.2.1　受注リードタイムの短縮化…………………………………………91
　　12.2.2　効率的なロジスティクスネットワークの構築……………………91
　　12.2.3　ロジスティクスの先送り……………………………………………92

　　　　　　　　　　　　　　　　　　　　　　　　目　次

　　12.2.4　納入物流の効率化……………………………………………92
　　12.2.5　柔軟なロジスティクス調整……………………………………93
　　12.2.6　大ロットから小ロットで柔軟にロジスティクスができる
　　　　　　体制の確立…………………………………………………93
　事例12－1　エルエルビーンの顧客サービスの優秀性　89
　事例12－2　セブン－イレブン・ジャパンの共同配送システム　90
　事例12－3　シャープの物流リードタイムの短縮　91
　事例12－4　オムロンの物流拠点の集約　91

第13章　企業内需給統合と需給調整機能……………………95
　13.1　需給調整部門………………………………………………………95
　　13.1.1　生販物調整室などスタッフ部門………………………………96
　　13.1.2　ロジスティクス部門……………………………………………96
　　13.1.3　販　売　部　門…………………………………………………97
　　13.1.4　生　産　部　門…………………………………………………98
　　13.1.5　生販物統合会議…………………………………………………98
　13.2　最適な需給調整部門………………………………………………100
　事例13－1　メルシャンのロジスティクス部門による需給調整　96
　事例13－2　シャープの生産部門による需給調整　98
　事例13－3　花王の需給調整のための生販物統合会議　99

第14章　エクスターナルサプライチェーン統合（企業間
　　　　　　サプライチェーン統合）と企業間需給統合化……………103
　14.1　エクスターナルサプライチェーン統合……………………………103
　14.2　企業間需給統合化…………………………………………………104
　　14.2.1　「モノの動き」の同期化…………………………………………105
　　14.2.2　「モノの動き」のスピード化……………………………………108
　　14.2.3　企業間でパートナーシップ化……………………………………112

第15章　企業間需給統合とスピード戦略 ……………117
15.1　スピード戦略 ……………117
15.2　主な戦略 ……………118
15.2.1　JIT ……………118
15.2.2　QR ……………119
15.2.3　ECR ……………124

事例15－1　平和堂のメーカーによる自動補充　120

事例15－2　リッチフードのクロスドッキング　122

事例15－3　P＆GのCR　126

第16章　企業間需給統合とマスカスタマイゼーション戦略 ……131
16.1　マスカスタマイゼーション戦略 ……………131
16.2　延期 ……………132
16.2.1　延期のメリット，デメリット ……………134
16.2.2　延期戦略 ……………135

事例16－1　ベネトンのグローバルな在庫管理改善のための延期の活用　136

事例16－2　ワールプールとシアーズのロジスティクス延期　137

事例16－3　HP（ヒューレット・パッカード）の生産延期戦略　139

第17章　企業間需給統合とアウトソーシング戦略 ……………143
17.1　アウトソーシング戦略 ……………143
17.2　サードパーティロジスティクス ……………144
17.2.1　サードパーティロジスティクスの本質と目的 ……………145
17.2.2　サードパーティロジスティクスのサービス業務 ……………146
17.2.3　サードパーティロジスティクスのメリット，デメリット ……………147
17.2.4　サードパーティロジスティクスの戦略的推進 ……………148

事例17－1　メンロ・ロジスティクスとスカイ・ウエイ・フレイトシステムの3PLのサービス業務　146

事例17-2　ローラアシュレイとBLS社の3PL　150
　　事例17-3　デルとフェデックスやカリバー・ロジスティクスとの3PL　151

第18章　企業間需給統合と製販統合戦略 ……………………153
18.1　製販統合戦略 …………………………………………153
18.2　製販同盟 ………………………………………………154
18.2.1　情報の共有 …………………………………………157
　　事例18-1　P&Gとウォルマートの製販同盟　154
　　事例18-2　花王とジャスコの「製販同盟」　155
　　事例18-3　ウォルマートの取引先間との情報共有　157

第19章　企業間需給統合とコラボレーション戦略 …………159
19.1　コラボレーション戦略 ………………………………159
19.1.1　コラボレーション（協働） ………………………159
19.2　主な戦略 ………………………………………………160
19.2.1　CPFR（協働計画・需要予測・補充） ………160
19.2.2　CTM（協働輸送管理） …………………………164
19.2.3　協働商品開発 ………………………………………164
19.2.4　協働商品品揃え ……………………………………165
16.2.5　協働販売促進 ………………………………………165
19.2.6　協働供給計画 ………………………………………165
　　事例19-1　ウォルマートとワーナーランバートのCPFR　161
　　事例19-2　ナビスコとウェグマンのCPFR　162
　　事例19-3　シャープの3段階発注　166

あとがき ………………………………………………………………169

索　引 …………………………………………………………………171

第1章　サプライチェーンの定義

　サプライチェーンマネジメントとは何かを述べる前に，まず，サプライチェーンについて考えてみる。サプライチェーンという概念は，どこから生まれてきたのであろうか。

　これについて，巷間，ハーバード大学の名物教授であるマイケル・ポーターが唱えた価値連鎖（Value Chain）に端を発するといわれている。しかし，筆者は，むしろ，1980年代に，アメリカでは疲弊した製造業の立て直しに迫られていたため，トヨタ自動車のＪＩＴ方式に学び，それを採用していたところから，ＪＩＴ方式がサプライチェーンに影響したものと考える。

　つまり，ＪＩＴが製品の組立ラインへの供給をスケジュール化することによって，メーカーにとって在庫投資を削減することに役立っているように，メーカー，卸，小売によってＪＩＴとほぼ同じことが行われたことだ。

　その現れは，アメリカのアパレル業界でのＱＲ（Quick Response，クイックレスポンス，生産から消費者までの時間をいかに短縮するかで，サプライチェーンメンバーが協力して，顧客の要望に応じて，正しい製品と正しい場所に正しい時間で，さらに適正な価格で提供する）や同じくアメリカの食料品日用雑貨業界のＥＣＲ（Efficient Consumer Response，効率的消費者対応，サプライチェーンが密接に協力して，生産から小売店頭での製品と情報の流れを効率化する）の導入といえる。

　このサプライチェーンについて，ビジネスマンや学生からよくわからないという質問を受ける。筆者も，サプライチェーンという言葉に初めて出会った時，あまりよく理解できなかったことを記憶している。

　ある時，ある論文で，サプライチェーンとは，流通チャネルと理解すればよいという文章を読んで理解が進んだように思う。それ以来，大学の講義でも学

生がよく理解できるように，サプライチェーンとは，流通チャネルと思えばわかりやすいなどと教えてきた。

しかし，サプライチェーンを流通チャネルとするとあまりにも簡略化しすぎており，その本質をついていないように思う。

そこで，ここでは，サプライチェーンとは何かについて，さらに詳しくみていく。

1.1 サプライチェーンの定義

まず，サプライチェーンの代表的な定義からみていく（図表1－1）。

これらをよく吟味してみると，多くの点で共通しており，おおよそ次のようにいえる。

① モノの流れる範囲は，供給源からエンドユーザーまでであること
② モノの流れは，上流と下流の双方を含むこと
③ 価値を付加するプロセスあるいは，活動にかかわる組織のネットワークであること
④ 製造や物流の拠点のネットワークであること
⑤ 企業の連携であること

などである。

これらから，サプライチェーンは，顧客に価値を付加するモノ，サービス，情報を提供する供給源からエンドユーザーまでの上流，下流にかかわる企業間のビジネスネットワークや流通チャネルの供給連鎖と考えられる。これをさらに，具体的にいえば，サプライヤーからエンドユーザーまでのモノ，サービス，情報の上流，下流の流れに直接かかわる複数の企業の統一体と考えられる。

そして，サプライチェーンを構成するものは，原材料や部品のメーカー，製品組立業者，卸・小売業者，ロジスティクス事業者はもちろんのこと，最終消費者も含まれるものである。

第1章 サプライチェーンの定義

> 図表1-1　サプライチェーンの定義のいろいろ

1. ラロンドとマスターズ
　　サプライチェーンとは，モノを前方に送る一連の企業である。通常は，独立したいくつかの企業が製品の製造を行うことと，サプライチェーンのエンドユーザーの手に渡るようにすることにかかわっている。この場合，原材料および部品メーカー，製品の組立業者，卸・小売業者および運送業者は，すべてこのサプライチェーンを構成する[1]
2. ランバート，ストック，エルラム
　　サプライチェーンは，製品やサービスを市場に投入する企業の連携である[1]
3. クリストファー
　　サプライチェーンとは，上流，下流のつながりを通じて，エンドユーザーに提供する製品やサービスの型で，価値を産出するさまざまなプロセスと活動にかかわる組織のネットワークである[1]
4. リーとビリングトン
　　原材料を調達，それらを中間製品や最終製品に交換し，最終製品を顧客に配送する生産と物流拠点のネットワーク[2]
5. スコットとウエストブルーク
　　サプライチェーンは，原材料から最終顧客まで生産とサプライプロセスの各要素を連結するチェーンとして使われている[2]
6. キャビナト
　　サプライチェーンのコンセプトは，調達と物流の能動的に管理されたチャネルからなっている[2]

(注) 1　J. T. Mentzer, et al., "*Defining Supply Chain Management,*" CLM, Journal of Business Logistics, Vol. 22, No. 2, 2001.
　　 2　C. Bechtel & J. Jayaram, "*Supply Chain Management: A Strategic Perspective,*" The International Journal of Logistics Management, Vol. 8, No. 1, 1997.

1.2　サプライチェーンの類型

　このサプライチェーンは，直接サプライチェーン，拡大サプライチェーンおよび，究極サプライチェーンがある。直接サプライチェーンを構成するものは，モノ，サービス，情報の上流・下流フローに関与する1企業1サプライヤーおよび1顧客である。

図表1-2　チャネル関係の類型

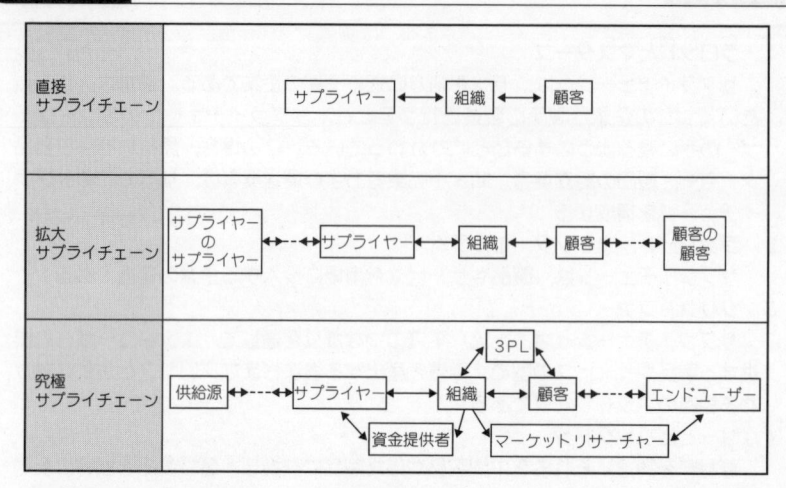

直接 サプライチェーン	サプライヤー ←→ 組織 ←→ 顧客
拡大 サプライチェーン	サプライヤーの サプライヤー ←--→ サプライヤー ←→ 組織 ←→ 顧客 ←--→ 顧客の顧客
究極 サプライチェーン	供給源 ←--→ サプライヤー ←→ 組織 ←→ 顧客 ←--→ エンドユーザー （組織の上に3PL、下に資金提供者・マーケットリサーチャー）

（出所）J. T. Mentzer, et al., "*Defining Supply Chain Management,*" CLM, Journal of Business Logistics, Vol. 22, No. 2, 2001.

　拡大サプライチェーンには，モノ，サービス，情報の上流・下流フローの関与する直接サプライヤーの先の複数のサプライヤーおよび，直接顧客の先の複数の顧客が含まれる。

　究極サプライチェーンには，おおもとのサプライヤーから最終の顧客までのモノ，サービス，情報のすべての上流・下流フローに関与するすべての組織が含まれる（図表1-2）。

　サプライチェーンへのアプローチについては，流通側かサプライヤー側かあるいは，それを同時に，さらには拡大サプライチェーン，究極サプライチェーンへといろいろな方法がある。

　以上サプライチェーンについてみてきたが，このサプライチェーンを対象に管理するサプライチェーンマネジメントについて，次章から詳しくみていく。

(参考文献)
1. 菊池康也著『SCMの理論と戦略』税務経理協会, 2006年。
2. 輸送経済新聞社編『流通設計』1999年4月号。
3. 菊池康也著『ロジスティクス概論』税務経理協会, 2000年。
4. J.T. Mentzer, et al., "*Defining Supply Chain Management,*" CLM, Journal of Business Logistics, Vol. 22, No. 2, 2001.

第2章　サプライチェーンマネジメントの定義

前章では，サプライチェーンとは何かについてみてきた。ここでは，サプライチェーンマネジメントの定義について考えてみる。

2.1 サプライチェーンマネジメントの代表的な定義の分析

まず，欧米の学者や専門機関の代表的なサプライチェーンマネジメントの定義を集めてみた（図表2－1）。

| 図表2−1 | サプライチェーンマネジメントの定義のいろいろ |

1. ステンジャーとコイル
 ベンダーから最終消費者まで効率的,効果的な製品,あるいは,サービスを作り出すロジスティクス・組立加工・サービス活動の一連の流れの統合管理[1]
2. クーパーとエルラム
 サプライヤーから最終顧客までの流通チャネル全体の流れをマネジメントする統合思想[1]
3. ランバート
 サプライチェーンマネジメントは,顧客に価値を付加する製品と情報を提供する供給源からエンドユーザーまでのビジネスプロセスの統合である[2]
4. クリストファー
 より高い顧客価値をより少ないトータルコストで達成するため,サプライヤー,流通業者,顧客の上流及び下流の関係管理[3]
5. モンクツカ,トレントとハンドフィールド
 サプライチェーンマネジメントは,多機能間とサプライヤー多階層間のトータルシステムを目指して,モノの調達,流れ,および統制を統合し,管理することを主目的とするコンセプトである[4]
6. CSCMP(サプライチェーンマネジメント専門家会議)
 サプライチェーンマネジメントは,調達と購買,組立加工とロジスティクス活動にかかわる計画と管理を含む。重要なことは,また,サプライヤー,中間業者,サードパーティプロバイダーと顧客であるチャネルパートナーとの協調と協働を含む。本質的には,サプライチェーンマネジメントは,企業内,企業間の需要管理と供給管理を統合することである。

(注)1 J. J. Coyle, E. J. Bardi & C. J. Langley Jr., The Management of Business Logistics(6 th Edition), WEST, 1996.
 2 D. M. Lambert, J. R. Stock & L. M. Ellram, Fundamentals of Logistics Management, McGraw−Hill, 1998.
 3 M. Christopher, Marketing Logistics, BH, 1997.
 4 J. T. Mentzer, et al., "*Defining Supply Chain Management,*" CLM, Journal of Business Logistics, Vol. 22, No. 2, 2001.

これらの定義について,いろいろな視点から分析する。

2.1.1 範囲について

まず，サプライチェーンマネジメントの範囲についてみると，ベンダーから最終消費者（ステンジャーとコイル），供給源からエンドユーザー（ランバートら），サプライヤーから最終顧客（クーパーとエルラム），サプライヤー，流通，顧客（クリストファー），多機能間，サプライヤー多階層間（モンクツカら）がある。

これらをみると，いろいろ表現は異なるが，サプライチェーンマネジメントの範囲は，社内の部門間はもちろんのことサプライヤーからエンドユーザーまでの範囲が考えられる。

2.1.2 流れの対象について

サプライチェーンマネジメントの流れの対象についてみると，製品あるいはサービス（ステンジャーとコイル），製品と情報（ランバートら），モノ（モンクツカら）がある。

これらをみると，それぞれが重点を置いているもの，あるいは代表的なものを取り上げているが，サプライチェーンマネジメントの流れの対象として，モノ，サービス，情報が考えられる。

2.1.3 目的について

サプライチェーンマネジメントの目的についてみると，効率的，効果的な製品あるいは，サービスを作り出す（ステンジャーとコイル），顧客に価値（ランバートら），より高い価値（クリストファー），トータルシステム（モンクツカら）がある。

この中で，トータルシステムは，顧客価値を最小の資源で生み出す効率的，効果的な仕組みと考えられる。

以上からサプライチェーンマネジメントの目的は，顧客価値の創出が考えられる。

2.1.4 統合について

サプライチェーンマネジメントの統合についてみると，諸活動の流れの統合管理（ステンジャーとコイル），ビジネスプロセスの統合（ランバートら），流通チャネル全体の流れをマネジメント（クーパーとエルラム），チャネルの上流，下流の関係管理（クリストファー），調達，フローおよび統制を統合し管理（モンクツカら），諸活動にかかわる計画と管理とチャネルパートナーとの協調と協働（CSCMP）がある。

これらの中で，全体の流れについては，モノ，サービス，情報にかかわる機能，活動や関係が含まれると考えられる。プロセスは，価値を創出するための横断的な機能，活動や関係の統合と考えられる。チャネルの上流，下流の関係管理は，企業の統合と考えられる。チャネルパートナーとの協調と協働は関係の統合と考えられる。

以上から，サプライチェーンマネジメントの統合について，企業，プロセス，機能，活動，関係の統合と考えられる。

2.1.5 コンセプトについて

サプライチェーンマネジメントのコンセプトについて，統合管理（ステンジャーとコイル），統合（ランバートら），統合思想（クーパーとエルラム），関係管理（クリストファー），統合と管理（モンクツカら），計画と管理（CSCMP）がある。

この中で，統合思想は，理念と考えられる。他は，マネジメントアプローチと考えられる。

以上から，サプライチェーンマネジメントのコンセプトは，理念やマネジメントアプローチが考えられる。

2.2 サプライチェーンマネジメントの定義

今までの代表的なサプライチェーンマネジメントの定義について，いろいろ分析してきたが，これらに基づいて，筆者は，サプライチェーンマネジメントを次のように考える。

① サプライチェーンマネジメントの範囲は，社内の部門はもちろんのこと，供給源からエンドユーザーまでの管理を対象とする。
② サプライチェーンマネジメントの流れの対象は，モノ，サービス，情報さらに，資金を含む。
③ サプライチェーンマネジメントの目的は，顧客価値を創出して収益性と競争優位性を確保することである。
④ サプライチェーンマネジメントは，企業の統合にその本質があり，企業間統合は，企業間の機能，活動や関係の統合によって達成される。
⑤ サプライチェーンマネジメントは，理念ではなく，あくまでもマネジメントアプローチである。

これらから，筆者は，サプライチェーンマネジメントの定義として，「顧客に価値を付加するモノ，サービス，情報を供給するサプライヤーからエンドユーザーまでの企業間統合である」と考える。

これをさらに具体的にいえば，「販売の第一線に，モノ，サービス，情報を効率的，効果的かつスピーディーに供給するための企業間統合である」。そして，サプライチェーンマネジメントの本質は，企業間統合にあり，その目的とするところは，企業内，企業間の需要と供給の統合である。

以上，サプライチェーンマネジメントの定義についてみてきたが，この定義は，サプライチェーンマネジメントを製品供給に関する企業間統合を供給側の視点で捉えているが，筆者は，サプライチェーンマネジメントは，供給側の視点だけでなく，購入側の視点から捉えることも無視できないと考える。

例えば，購入側の視点から，サプライチェーンマネジメントを捉えると，

「モノ,サービス,情報を効率的,効果的かつスピーディーに調達するためのサプライヤー(ベンダー)との企業間統合」といえる。その代表的な定義は,図表2-1の5がそれにあたる。

(参考文献)
 1.菊池康也著『最新ロジスティクス入門』税務経理協会,2003年。
 2.菊池康也著『ロジスティクス概論』税務経理協会,2000年。
 3.菊池康也著『SCMの理論と戦略』税務経理協会,2006年。
 4.J.J.Coyle.E.J.Bardi&C.J.Langley Jr., The Management of Business Logistics (6th Edition), WEST, 1996.
 5.D.M.Lambert, J.R.Stock&L.M.Ellram, Fundamentals of Logistics Management, MaGraw-Hill, 1998.
 6.M.Christoher, Marketing Logistics, BH, 1997.
 7.J.T.Mentzer, et al., "*Defining Supply Chain Management,*" CLM, Journal of Business Logistics, Vol.22, No.2, 2001.
 8.C.Bechtel&J.Jayaram, "*Supply Chain Management:A Strategic Perspective,*" International Journal of Logistics Management, Vol.8, No.1, 1997.

第3章　サプライチェーンマネジメントの重要性

前に述べたように，企業を取り巻く競争的環境が大きくパラダイムシフトしたことによって，現在，従来の個々の企業の競争戦略では限界があり，サプライチェーンを通して，高い価値の競争戦略が必要になっている。つまり，企業を取り巻く環境が大きく変化することによって，企業対企業の競争ではなく，サプライチェーン対サプライチェーンの競争に入ったことである。

サプライチェーンマネジメントは，ますます重要性が増してきている。

ここでは，企業を取り巻く環境変化と最近，何故サプライチェーンマネジメントが重要性が増しているかについて考えてみる。

3.1　企業を取り巻く環境変化

まず，企業を取り巻く環境変化についてみていく。

最近，企業を取り巻く環境が大きく変化している（図表3－1）。その主なものをあげれば，以下のとおりである。

① 製品のライフサイクルの短縮化でスピードアップ経営が重視されていること
② 製品の需要の変動が激しく，需要を正確に予測することがますます難しくなっていることから，迅速性，かつ的確な供給が重要になっていること
③ 製品の機能，品質，価格の差別化が困難になっているところから，サービスが重視されてきていること
④ コスト競争の大競争時代をむかえて，製品中心のコストダウンでは限界があり，ビジネスプロセスのコストダウンが重要になってきていること
⑤ 大量個客化（マスカスタマイゼーション）が急速に進んでいるところか

図表3-1　企業を取り巻く環境変化

1. 外部環境変化
   (1) グローバリゼーション
   (2) 競争の激化
   (3) 変化の速度の加速化
   (4) 複雑性の益々の増大
   (5) 環境問題が益々クローズアップ
   (6) 情報通信技術のさらなる進展
2. 内部環境変化
   (1) 顧客価値重視
   (2) ビジネスプロセスの効率化
   (3) スピード経営重視
   (4) 財務業績の向上
   (5) 資源制約

ら，ビジネスプロセスのスピード化やスリム化が必要になっていること

⑥　ビジネスプロセス全体の効率化のため，企業の枠を越えたパートナーシップや戦略的提携によって，企業間の連携が必要になっていること

⑦　厳しい資源制約の中で，企業はコアコンピタンス（競争力の源）に特化することによって競争優位性を確保する必要があること

などである。

これらによって，サプライチェーンマネジメントは，企業の中で重要な役割を占めるようになっている。

3.2　サプライチェーンマネジメントの重要性

今まで，企業を取り巻く環境変化についてみてきたが，最近，特にサプライチェーンマネジメントの重要性が増してきている。

前に述べたように，サプライチェーンマネジメントは，顧客価値を付加するモノ，サービス，情報を供給するサプライヤー，エンドユーザーまでの企業間統合で，その目指すところは，企業内，企業間の需要と供給のマッチングであ

第3章　サプライチェーンマネジメントの重要性

る。これは，企業において，顧客の満足が得られるよう，需要（販売）と供給（生産，調達，ロジスティクス）をうまくマッチングしてムダなく製品を顧客に届けるという企業で最も重要な業務をマネジメントするものといえる。

このサプライチェーンマネジメントが目指す企業内，企業間の需給統合は，次のような点で，特に重要性が増してきている。

第1は，最近非常に早いスピードで構造が変化することによって，ストック経営からフロー経営へと大きく変化している。

そのような中で，企業の価値の指標が損益計算書上の利益だけでなく，バランスシートから徹底的に在庫を減らして，運転資金を増やすキャッシュ・フローに重点が置かれている。

図表3-2　キャッシュ・フロー増大のためのアプローチ

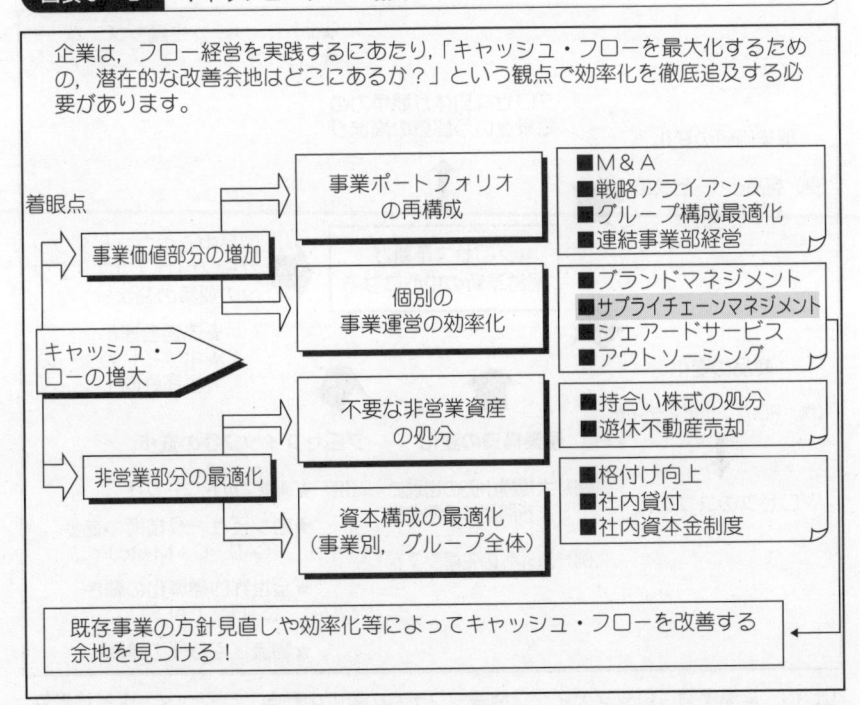

企業は，フロー経営を実践するにあたり，「キャッシュ・フローを最大化するための，潜在的な改善余地はどこにあるか？」という観点で効率化を徹底追及する必要があります。

着眼点

- 事業価値部分の増加
  - 事業ポートフォリオの再構成
    - ■M&A
    - ■戦略アライアンス
    - ■グループ構成最適化
    - ■連結事業部経営
  - 個別の事業運営の効率化
    - ■ブランドマネジメント
    - ■サプライチェーンマネジメント
    - ■シェアードサービス
    - ■アウトソーシング

キャッシュ・フローの増大

- 非営業部分の最適化
  - 不要な非営業資産の処分
    - ■持合い株式の処分
    - ■遊休不動産売却
  - 資本構成の最適化（事業別，グループ全体）
    - ■格付け向上
    - ■社内貸付
    - ■社内資本金制度

既存事業の方針見直しや効率化等によってキャッシュ・フローを改善する余地を見つける！

（出所）　馬場広幸「SCMにおける戦略調達」レジュメ，企業経営協会ロジスティクス戦略研究会，2002年9月。

そのため，変化の激しい市場に対して俊敏に対応して，売り損じ，売り余りを最小化して，キャッシュ・フローの効率を高めるため，サプライチェーンマネジメントを通して効率化を徹底的に追求する必要が出てきている（図表3－2）。

第2は，製品の機能，品質，価格の差別化からビジネスプロセスの差別化，つまり，モノの供給の仕方で差別化する時代に入って，ビジネスプロセス自体が競争の源泉で，サプライチェーンにおけるビジネスプロセスの改革，つまり，サプライチェーンマネジメントが経営革新の重要な柱になっている（図表3－3）。

図表3－3　プロセス革新が経営革新の中心

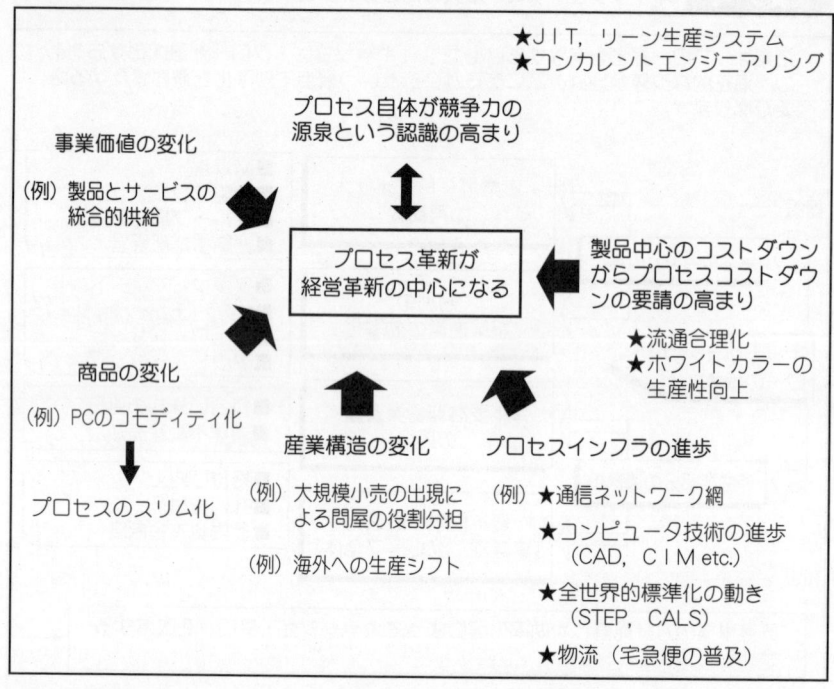

```
                        ★JIT，リーン生産システム
                        ★コンカレントエンジニアリング
                プロセス自体が競争力の
   事業価値の変化  源泉という認識の高まり
                         ↕
  (例) 製品とサービスの                    製品中心のコストダウン
       統合的供給      → プロセス革新が ←  からプロセスコストダウン
                        経営革新の中心になる  ンの要請の高まり
                         ↑  ↑
                                          ★流通合理化
                                          ★ホワイトカラーの
    商品の変化                              生産性向上

  (例) PCのコモディティ化 産業構造の変化  プロセスインフラの進歩

     ↓              (例) 大規模小売の出現に  (例) ★通信ネットワーク網
  プロセスのスリム化        よる問屋の役割分担       ★コンピュータ技術の進歩
                                                  (CAD，CIM etc.)
                    (例) 海外への生産シフト       ★全世界的標準化の動き
                                                  (STEP，CALS)
                                               ★物流（宅急便の普及）
```

（出所）福島美明「ロジスティクス情報システムの最近の動向」レジュメ，企業経営協会ロジスティクス戦略研究会，1998年9月。

第3章　サプライチェーンマネジメントの重要性

図表3－4　サプライチェーンの範囲を拡大することにより，コスト削減効果は格段に向上する

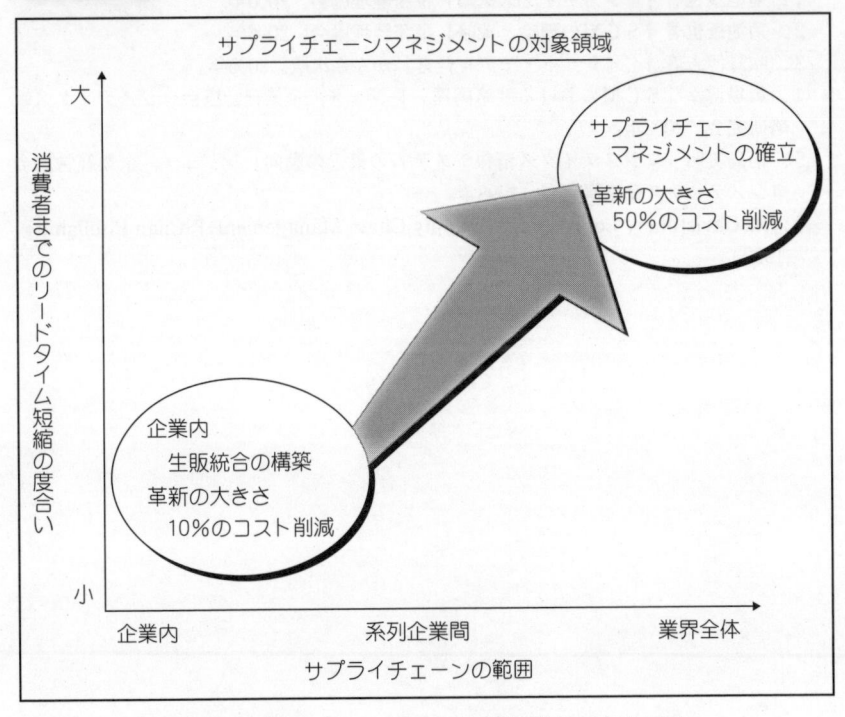

サプライチェーンマネジメントの対象領域

縦軸：消費者までのリードタイム短縮の度合い（小〜大）
横軸：サプライチェーンの範囲（企業内　系列企業間　業界全体）

- 企業内
  生販統合の構築
  革新の大きさ
  10％のコスト削減

- サプライチェーン
  マネジメントの確立
  革新の大きさ
  50％のコスト削減

（出所）　日経ＢＰ社編「日経ロジスティクス」（一部修正）1993年7月号。

　第3は，サービスとコストの大競争時代をむかえて，サービスの向上とコスト削減のため個別企業の対応では限界があり，それをサプライチェーンの範囲まで拡大して，劇的なサービス向上とコスト削減の効果を得るため，パートナーシップ戦略が必要になっている（図表3－4）。

　以上から，サプライチェーンマネジメントが目指す企業内，企業間の需要と供給の統合は，キャッシュ・フローの効率化，ビジネスプロセスの改革，パートナーシップを組んで大幅なサービス向上とコスト削減などによって，企業が収益性や競争優位性を確保する重要な経営戦略となっているといえよう。

(参考文献)
1．菊池康也著『ロジスティクス概論』税務経理協会，2000年。
2．菊池康也著『SCMの理論と戦略』税務経理協会，2006年。
3．吹野博志著『ダイレクト・モデル経営』かんき出版，2005年。
4．馬場博幸「SCMにおける戦略調達」レジュメ，企業経営協会ロジスティクス戦略研究会，2002年。
5．福島美明「ロジスティクス情報システムの最近の動向」レジュメ，企業経営協会ロジスティクス戦略研究会，1998年。
6．M.Christoher, Logistics and Supply Chain Management, Pitman Publishing, 1992.

第4章 サプライチェーンマネジメントの困難性と課題およびその対応

サプライチェーンマネジメントの特徴は，すべてのビジネスプロセス，機能，活動を対象としていることや，1企業ではなく企業間にわたっているところから，いろいろサプライチェーンマネジメントを困難にしている。

そこで，ここでは，サプライチェーンマネジメントを困難にしている要因と課題およびその対応について考えてみる。

4.1 サプライチェーンマネジメントを困難にしている要因

サプライチェーンマネジメントを困難にしている要因として複雑性が考えられる。

今日，サプライチェーンはサプライヤー，メーカー，卸売，小売，ロジスティクス事業者など多くのプレイヤーが参加してグローバルに網の目のように広がっていること，そのプロセスはますます長くなるとともに不安定になっていることなどによって，サプライチェーンがますます複雑化して管理が難しくなっている。例えば，以下の通りである。

4.1.1 需要の不確実性（不安定性）がますます増大していること

最近，製品のライフサイクルが短くなっていること，消費者の趣好が大きく変化していることや製品のバラエティが急増していることなどから，需要の変動が激しく，市場の動向を予測することがますます困難になっているため，サプライチェーンに不確実性が大きなプレッシャーを与えている。

4.1.2 輸送リードタイムの不確実性がますます増大していること

グローバル化の進展によって,サプライヤーからメーカーへ,メーカーから顧客への部品,資材,製品のリードタイムが長くなることによって,輸送リードタイムの不確実性が増して,輸送貨物がどこにあるかわからなくなるとともに,発荷主,着荷主とも到着時間の予想がつかなくなっていることから,モノについて予定通り利用可能性が保証されなくなっている。

4.1.3 チャネル間の多段階の意思決定によって情報の劣化,すなわち,ブルウィップ効果が出ること

サプライチェーンの下流から上流に向かうまでの間に多段階の意思決定により需要情報がどんどん劣化していく危険性がある。すなわち,多段階での需要予測に関する意思決定や,タイムラグを伴う結果,情報が各段階で増幅される危険性がある。

4.1.4 チャネル間の活動や行動のギャップによって,各企業の論理(目標)が存在していること (図表4-1)

各チェーンには各企業の論理が厳然と存在する。この論理,すなわち,自社の利益を優先した判断がサプライチェーンに悪影響を与える。

4.1.5 チャネル間の能力ギャップによってボトルネックが発生すること

チャネルの範囲が拡大すればするほど,チャネル間の能力ギャップによって,ボトルネック,つまり,チャネル間の「モノの動き」の需要(必要)と供給(能力)の不一致やそれぞれのプロセスの処理スピードの不一致,さらには,それぞれのプロセスのキャパシティ(処理能力)の不一致がますます発生する。

第4章 サプライチェーンマネジメントの困難性と課題およびその対応

図表4-1　各サプライチェーンの論理

サプライチェーン	論理	内容例	問題点
1．小売業	販売増	多めの販売見込み	返品の発生 例外的販促費の発生 廃棄コストの発生
2．卸売業	在庫低減	納入のリードタイムが短い	生産や供給への変動の増幅によりロスの発生
3．メーカー	安定生産 品質確保	生産のリードタイムが長い 計画変更を最小限	高い在庫レベルの発生（流通，ロジスティクス拠点）
4．サプライヤー	安定供給 品質確保	供給のリードタイムが長い 計画変更を最小限	高い在庫レベルの発生（メーカー，ロジスティクス拠点）
5．ロジスティクス事業者	ロジスティクス効率化	トラックが満載になるまで待つ	高い在庫レベルの発生（流通）

4.1.6 サプライチェーンのエンドユーザーの側に近づけば近づくほど，進化の速度が加速すること

　サプライヤー，メーカー，流通へと顧客に近づけば近づくほど，その属している業界や会社は進化の速度が加速する。

4.2　サプライチェーンマネジメントの課題

　今まで，サプライチェーンマネジメントを困難にしている要因についてみてきたが，サプライチェーンマネジメントは，これらの要因によって，次のように実行上多くの課題が指摘されている（入江仁之）。
　① サプライチェーン全体の視点で設定された評価基準がないこと
　② 顧客満足度（CS）の定義が不十分であることとその判定基準がないこと

③ 生産・納入状況データの顧客サイドへの提供が不十分で不正確であること
④ 顧客の需要情報に基づく供給サイドへの調達予測データの提供が不十分で不正確であること
⑤ 情報システムが各サイト（場所）間で連動していないことにより情報共有が不十分であること
⑥ 計画どおり納入されることを前提とし，不確実性の影響を無視することにより，計画と実態が乖離すること
⑦ サプライチェーンの基本原理のひとつ，リードタイムの削減を考慮せず過大在庫を保有すること
⑧ 社内顧客を社外顧客と差別して扱うこと
⑨ 各チャネル間の協調が不十分であること
⑩ 輸送方法，輸送計画の分析が不十分であること
⑪ 在庫維持費の算定が不正確であること
⑫ 「全体最適」より各チャネルで「部分最適」を優先した自律運営を行わせていること
⑬ 顧客の視点に立った製品設計が不十分であること
⑭ 顧客の視点に立った製造工程設計が不十分であること
⑮ サプライチェーンの視点，すなわち，外部組織との統合が不十分であること

などである。

4.3 サプライチェーンマネジメントの課題への対応

今まで，サプライチェーンマネジメントの困難性と課題についてみてきたが，それではサプライチェーンマネジメントは，役立たないかというとそうではない。当然のこととして，これらの課題を解決しなければならない。その対応として，次のことが指摘されている（リーとビリングトン）。

第4章　サプライチェーンマネジメントの困難性と課題およびその対応

4.3.1　サプライチェーンを通して，製品や工程を設計すること

製品設計について，機能性や成果だけでなく，サプライチェーンを通して起こってくるコストやサービス問題を含めて評価する必要がある。

4.3.2　サプライチェーンを通して，データベースを統合すること

サプライチェーンの効率的なオペレーションコントロールは，各企業からの主要なデータが中央集中化されるよう協調が必要である。

4.3.3　サプライチェーンで統制と計画支援システムを統合すること

ある企業の生産計画と在庫統制の意思決定は，他の企業の意思決定に影響する。多くの企業での意思決定は，独立して決定されるべきではない。システムアプローチがとられるべきである。

4.3.4　組織のインセンティブを再設計すること

大抵の企業は，領域，グループあるいは，サイト（場所）に焦点をあてたインセンティブシステムを持っている。これらは，企業間の協同をさまたげる傾向がある。全組織に及ぶ効果性と効率性を，協同して達成するため，異なった領域やグループを再設計し，そして新しいインセンティブシステムを展開すべきである。

4.3.5　サプライチェーンにおける業績評価を設定すること

新しいインセンティブと組織上の再設計は，新しい業績評価基準と同一歩調をとるべきである。この業績評価基準は，サプライチェーンの視点を取り入れる必要がある。すべての統一体が自身の評価基準に責任を持つ代わりに，すべ

ての統一体は，サプライチェーンの評価基準に対して当事者意識を持つ必要がある。

4.3.6 サプライチェーンの見方を拡大すること

1企業は，サプライチェーンに影響し，あるいは，サプライチェーンによって影響される利害関係者の必要を理解する必要がある。

このような理解は，よりよいターゲットとオペレーション上の効率性となって現れる。

以上，サプライチェーンマネジメントの課題への対応についてみてきたが，筆者は，このほかにもっと基本的なこと，例えば，情報のオープン化を積極的に進めること，チャネル間で責任を明確にすること，ボトルネックの発見と改善をすること，パートナーシップ化を推進することなどを追加したい。

（参考文献）
1．藤野直明著『サプライチェーン経営入門』日本経済新聞社，1999年。
2．入江仁之稿「"脱・物流"のマネジメント」輸送経済新聞社編『流通設計』1996年10月号。
3．菊池康也著『ＳＣＭの理論と戦略』税務経理協会，2006年。
4．菊池康也著『ロジスティクス概論』税務経理協会，2000年。
5．C．H．ファイン著（小幡訳）『サプライチェーン・デザイン』日経ＢＰ社、1999年。
6．H.L. Lee & C. Billington, "*Managing Supply Chain Inventory : Pitfalls and Opportunities,*" Sloan Management Review, Spring, 1992.

第5章　サプライチェーンマネジメントの進め方

　今まで，サプライチェーンマネジメントについて，その定義，経営での役割，さらにサプライチェーンを困難にしている要因やその課題についてみてきた。
　ここでは，サプライチェーンマネジメントを推進するにはどうしたらよいか考えてみる。
　筆者は，サプライチェーンマネジメントを進めるには，次の5つのステップを踏む必要があると考える。
　　第1ステップ……サプライチェーンをめぐる環境分析
　　第2ステップ……サプライチェーンの改革目標の設定
　　第3ステップ……サプライチェーンの戦略の策定
　　第4ステップ……現状サプライチェーンとのギャップ分析
　　第5ステップ……サプライチェーンの戦略実現のためのマネジメント活動の
　　　　　　　　　実施
以下，それぞれの概要について述べる。

5.1　企業やサプライチェーンをめぐる環境分析

　まず，サプライチェーンマネジメントを推進するには企業やサプライチェーンをめぐる環境を徹底的に分析する必要がある。これは，サプライチェーンを変革する目標やその戦略を明確にするためである。
　企業やサプライチェーンをめぐる環境として次のものがある。
　① 政治，経済，社会環境
　② 技術環境
　③ 市場，チャネル

④ 企業戦略（経営戦略，部門戦略）
⑤ 顧客ニーズ
⑥ 財務状況
⑦ 競合他社，優良企業
⑧ 環境問題
⑨ 企業の諸資源など

5.2 サプライチェーンの改革目標の設定

　企業やサプライチェーンをめぐる環境を徹底的に分析してサプライチェーンの改革目標を設定する。これは，サプライチェーンマネジメントを推進するにはどうしても必要不可欠である。
　このサプライチェーンの改革目標は，顧客重視，競争優位な戦略，成果の明確化，システム思考などに焦点をあてることになる。
　サプライチェーンの改革目標は，これらの視点から顧客満足を得るために，サプライチェーンの壁を乗り越えて，顧客価値創出の目標を設定する。
　一般的なサプライチェーンの改革の目標は，例えば，
① 顧客に製品を早く届けるよう納期を短縮すること（納期短縮）
② 売り損じ，売り余りをなくすこと（キャッシュ・フローの改善）
③ 品揃えを最大化して販売機会の損失を最小にすること（欠品削減／キャッシュ・フローの改善）
④ 在庫を最小にすること（在庫削減／キャッシュ・フローの改善）
⑤ 設備の生産性を向上させること（設備削減／キャッシュ・フローの改善）
⑥ オペレーションの生産性を向上させること（コスト削減／キャッシュ・フローの改善）
などが考えられる（事例5-1）。

第5章 サプライチェーンマネジメントの進め方

事例5－1　シャープのサプライチェーンの戦略目標

　1996年のことである。「もっとリードタイムを短くしてもらわないと，シャープとの取引はなくなりますよ」とアメリカの大手ディーラーであるベストバイの関係者が，当時海外事業部長だった町田勝彦氏に語った。

　会社の存立に危機感を抱いた町田氏は，すぐにリードタイムの短縮を決定し，経営陣を説得する。その結果，シャープは，リードタイムの短縮に本格的に取り組みを開始し，サプライチェーンマネジメント改革でトップを走る企業になっていくのである。

（出所）　ベリングポイント(株)編著『ジャパニーズソリューション』ダイヤモンド社，2002年。

5.3　サプライチェーンの戦略の策定

　次に，サプライチェーンの改革目標を実現するために競争優位なサプライチェーン戦略を策定する。

　このサプライチェーン戦略は，いわばサプライチェーン間の売り方，作り方，買い方，運び方などの競争優位なビジネスモデルといえる。

　企業における具体的なサプライチェーンの戦略の例は，次のようなものがある。

① 　ECR（Efficient Consumer Response，効率的消費者対応）──アメリカ食料品日用雑貨業界
② 　QR（Quick Response）──アメリカ衣料品業界
③ 　調達，生産，販売の一括管理──イオン
④ 　需要プル型商品供給──シャープ（事例5－2）
⑤ 　コラボレーション戦略（CPFR）──ウォルマートとP＆G
⑥ 　ダイレクトモデル（直販モデル）──デル（事例5－3）
⑦ 　延期戦略（生産延期）──デル，リーバイ・ストラウス（事例5－4）
⑧ 　リーン（JIT）生産方式──トヨタ，モトローラ

⑨　アジル生産方式――デル
⑩　ＥＭＳ－ロッキード・マーチン
⑪　グローバルソーシング――ＧＭ，キャタピラ
⑫　サプライヤーの集約――日産，ヘキスト・シラニーズ
⑬　３ＰＬ――ゼロックス（事例５－５），日通，佐川

――事例５－２　シャープの需要プル型商品供給――

　アンバランスな在庫を解消するために，サプライチェーンの中で最も市場に近い部分，すなわち，需要予測における市場把握能力を高め，すばやく生産計画へとつなげなければならない。また，供給計画，特に在庫設定などは，適時連動している必要がある。

　シャープは，このテーマにおいて，まず，実需を反映したＰＯＳ（Point of Sale，店舗販売時点情報管理）データを解析し，その結果から抽出された要因を多岐にわたって用いる需要予測方法を開発して計画プロセスを改革した。供給計画についても基準値の設定と独自のシステムを開発（シャープは，ＳＡＰ社のＡＰＯを導入）することで，需要プル型の需給計画を立案することに成功したのである。

（出所）　ベリングポイント(株)編著『ジャパニーズソリューション』ダイヤモンド社，
　　　　2002年。

――事例５－３　デルのダイレクトモデル――

　ダイレクトモデルは，デルが顧客志向の企業理念に基づいて開発したビジネスモデルである。デルが顧客とのダイレクトな関係を構築することによって，製品の品質，性能，価格，納期，サービスなどあらゆる面で，常に最高の価値を顧客に提供することがデルの基本理念であり，創業時(1984年)からのデルのすべての事業活動の根幹となっている。

　また，近年は，インターネットの積極的な取り組みによって，デルモデルの効率がさらに加速され，サービス提供のスピード，価格，より高度なカスタマイズへの対応などあらゆる面で顧客の価値を高めている。

なお，デルのダイレクトモデルは最近見直しが行われている。つまり，直販だけでなく，一般顧客を対象に量販店での販売も進めている。

(参考) デル社の資料より。

―― 事例5－4　リーバイストラウスの生産延期戦略 ――

リーバイストラウスの「パーソナル・ペア・プログラム」は，消費者が自分の寸法，好みの色，素材，スタイルを伝え，それに合わせてジーンズをオーダーメイドできるシステムである。コンピュータ制御された機械で仕様どおり裁断され，タグがつけられ，通常の製造ラインに回される。仕上がったタグつきのジーンズは，フェデックスによって直接消費者に届けられるか，あるいは，注文を受けた店に配送される。

Source:http://www.startribune.com/digage/homshop.htm

(出所)　G.ティンダール他著（入江監訳）『市場をリードする業務優位性戦略』ダイヤモンド社，1999年。

―― 事例5－5　ゼロックスの3PL ――

ゼロックスは，コピー機の配達，据付業務を自前で行っていた。その業務を20数年前にライダーILの親会社であるライダーシステム社が請け負った。

従来，注文を受けてから配送係が配送して，別の係が後日機械を据付け，さらにカスタマーサービスが取扱方法を説明していた。これによると顧客が使用できるまで1週間かかっていた。ライダーシステムは，上の3つの工程を一括して請け負うことで，配送，据付け，顧客サービスを一度ですむようにした。このため，ライダーシステムは，ドライバーにコピー機の据付け方法と商品知識を教えていった。

以上により，顧客は，1週間早く使えるようになったことと物流コストも半減した。

上記の業務は，ライダーシステムから，その子会社であるライダーIL

に委譲され，さらに拡大されている。確実なサービスレベルの向上が高い評価と業務の拡大につながったといわれている。

なお，返品，回収から再整備の業務については，バーナムサービスが行っている。

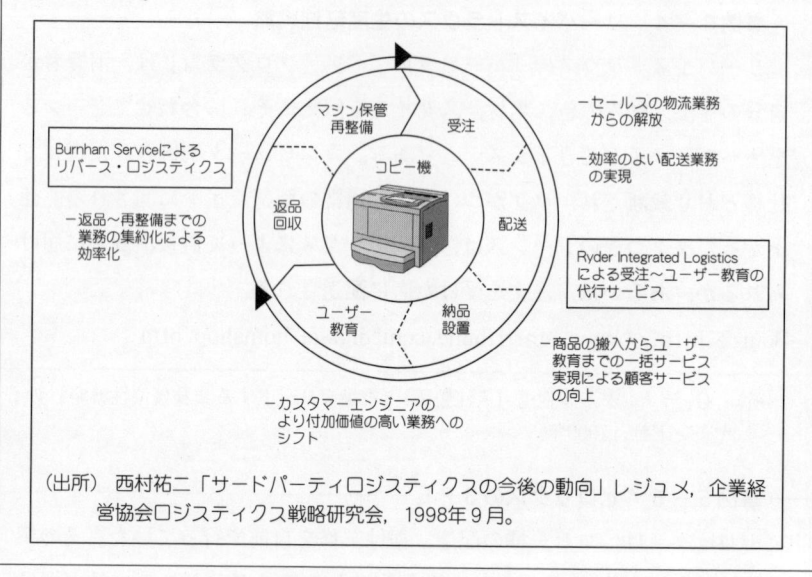

```
Burnham Serviceによる
リバース・ロジスティクス
－返品～再整備までの
　業務の集約化による
　効率化

マシン保管
再整備
受注
コピー機
配送
納品
設置
ユーザー
教育
返品
回収

－セールスの物流業務
　からの解放
－効率のよい配送業務
　の実現

Ryder Integrated Logistics
による受注～ユーザー教育の
代行サービス
－商品の搬入からユーザー
　教育までの一括サービス
　実現による顧客サービス
　の向上

－カスタマーエンジニアの
　より付加価値の高い業務への
　シフト
```

（出所）西村祐二「サードパーティロジスティクスの今後の動向」レジュメ，企業経営協会ロジスティクス戦略研究会，1998年9月。

5.4　現状サプライチェーンとのギャップ分析

さらに，サプライチェーン戦略に対して，現状サプライチェーンについて，あらゆる角度から分析して課題を明確にする。

これは，いわばサプライチェーンの戦略を実現する上でのサプライチェーンの能力分析といえる。

分析の視点としては次のものがある。

5.4.1　戦略レベル

① 製品（提供する製品）

第5章　サプライチェーンマネジメントの進め方

② サービス（サービスの種類とその顧客サービス水準）

5.4.2 構造レベル

① サプライチェーンの「モノの動き」のネットワーク（「モノの動き」のネットワークとその状況）（図表5－1，5－2）
② サプライチェーンのビジネスネットワーク（商流ネットワークとその関係の程度）（図表5－3，5－4）

図表5－1　男性用下着サプライチェーンマップの例

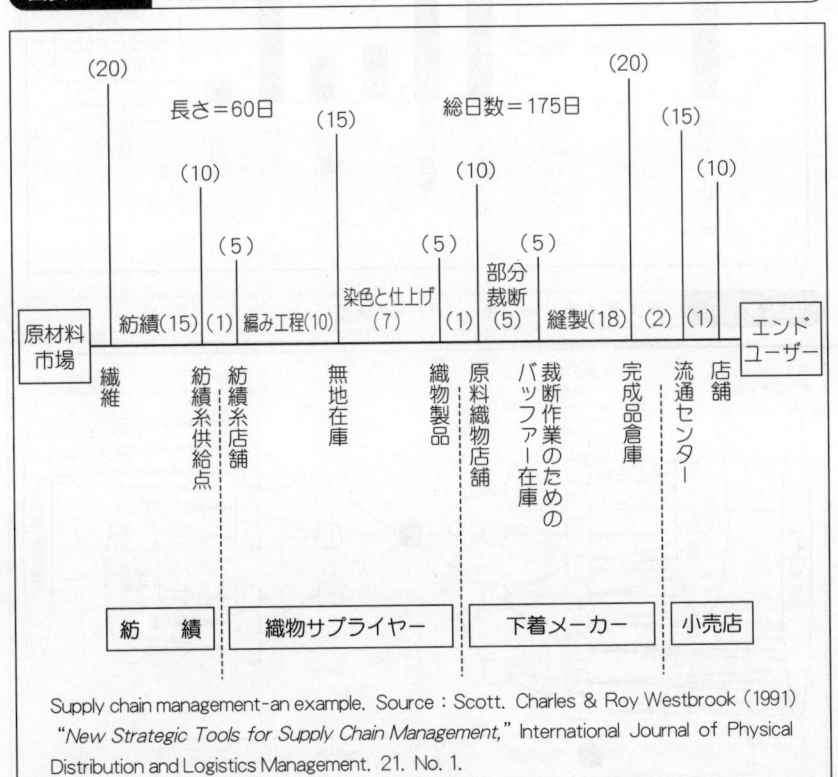

（図：男性用下着サプライチェーンマップ）

原材料市場─繊維(20)─紡績(15)─紡績糸供給点(1)─紡績糸店舗(10)─編み工程(10)─無地在庫(15)─染色と仕上げ(7)─織物製品(5)─原料織物店舗(10)─部分裁断(5)─裁断作業のためのバッファー在庫(5)─縫製(18)─完成品倉庫(2)─流通センター(20)─店舗(1)(15)(10)─エンドユーザー

長さ＝60日　総日数＝175日

区分：紡績／織物サプライヤー／下着メーカー／小売店

Supply chain management-an example. Source：Scott. Charles & Roy Westbrook (1991) "*New Strategic Tools for Supply Chain Management,*" International Journal of Physical Distribution and Logistics Management. 21. No. 1.

（出所）　M. Christopher, Marketing Logistics, BH, 1997.

図表5－2　サプライチェーンの「モノの動き」の問題点の例

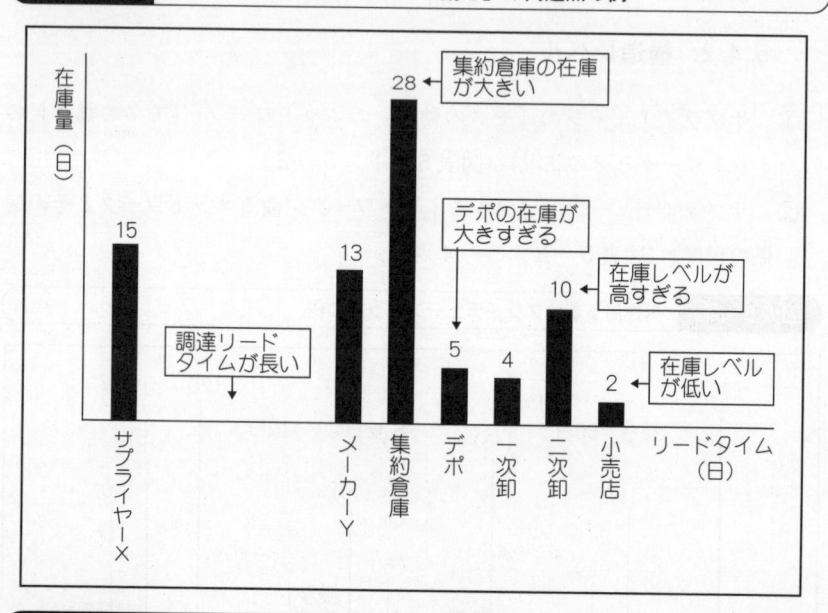

在庫量（日）

- サプライヤーX: 15 ← 調達リードタイムが長い
- メーカーY: 13
- 集約倉庫: 28 ← 集約倉庫の在庫が大きい
- デポ: 5 ← デポの在庫が大きすぎる
- 一次卸: 4
- 二次卸: 10 ← 在庫レベルが高すぎる
- 小売店: 2 ← 在庫レベルが低い

リードタイム（日）

図表5－3　サプライチェーンネットワーク構造

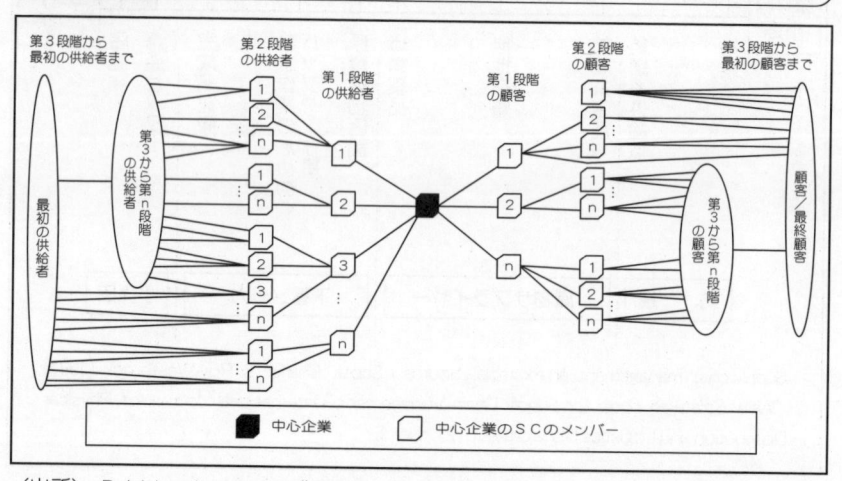

第3段階から最初の供給者まで｜最初の供給者｜第3から第n段階の供給者｜第2段階の供給者｜第1段階の供給者｜中心企業｜第1段階の顧客｜第2段階の顧客｜第3から第n段階の顧客｜顧客／最終顧客｜第3段階から最初の顧客まで

■ 中心企業　　□ 中心企業のSCのメンバー

（出所）D. M. Lambert, et al. "*Supply Chain Management：Implementation Issues and Research Opportunities,*" The International Journal of Logistics Management, vol. 9, No. 2, 1998.

第5章　サプライチェーンマネジメントの進め方

図表5-4　企業間ビジネスプロセスリンクのタイプ

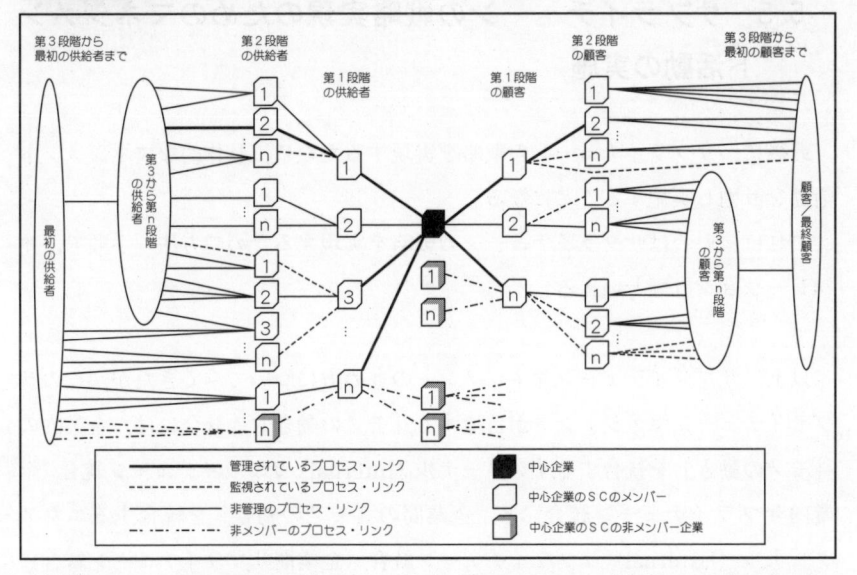

(出所) D. M. Lambert, et al. "*Supply Chain Management : Implementation Issues and Research Opportunities,* "The International Journal of Logistics Management, vol. 9, No. 2, 1998.

5.4.3　オペレーションレベル

① プロセス
  a　デマンドプロセス（需要計画，マーケティング・販売）
  b　サプライプロセス（購買，生産，ロジスティクス，製品開発）
  c　リターンプロセス（回収，リバースロジスティクス，リサイクル・再利用，廃棄）
② 情報システム（サプライチェーン情報システム）
③ 施設，設備
④ 組織（サプライチェーン関連組織）
⑤ 方針，手続
⑥ 人（スキル・カルチャー）など

5.5 サプライチェーンの戦略実現のためのマネジメント活動の実施

最後に,サプライチェーンの戦略を実現するために,具体的なマネジメント活動を計画し実施することになる。

これは,いわばサプライチェーンの戦略を実現するための方法や手順で,オペレーション計画といえる。

以上,サプライチェーンマネジメントの進め方についてみてきたが,このサプライチェーンマネジメントが目標する「モノの動き」の統合には,企業内の「モノの動き」を統合するインターナル (Internal) サプライチェーン統合 (企業内サプライチェーン統合) と,企業間の「モノの動き」を統合するエクスターナル (External) サプライチェーン統合 (企業間サプライチェーン統合) がある。

筆者は,インターナルサプライチェーン統合が目指しているものは企業内需給統合,エクスターナルサプライチェーン統合が目指しているものは企業間需給統合と考える。

次章から,企業内・企業間需給統合とは何か,また,企業内需給統合を実現するためのマネジメント活動や企業間需給統合を実現するための戦略やその活動を中心にみていく。

(参考文献)
1. 菊池康也著『戦略的ビジネスモデル３ＰＬ入門』税務経理協会,2005年。
2. 菊池康也著『ロジスティクス概論』税務経理協会,2000年。
3. 菊池康也著『ＳＣＭの理論と戦略』税務経理協会,2006年。
4. ベリングポイント(株)編著『ジャパニーズソリューション』ダイヤモンド社,2000年。
5. 入江仁之稿「サプライチェーンマネジメント」輸送経済新聞社編『流通設計』1996年12月号。

第5章 サプライチェーンマネジメントの進め方

6. W. C. Copacino, Supply Chain Management, The St. Lucie Press, 1997.
7. J. F. Robeson & W. C. Copacino, The Logistics Handbook, Free Press, 1994.
8. J. T. Mentzer, et al., "*Defining Supply Chain Management,*" CLM, Journal of Business Logistics, Vol. 22, No. 2, 2001.
9. M. Christopher, Marketing Logistics, B H, 1997.
10. D. M. Lambert, M. C. Cooper & J. D. Pagh, "*Supply Chain Management : Implementation Issues and Research Opportunities,*" The International Journal of Logistics Management, Vol. 9, No. 2, 1998.

第6章 インターナルサプライチェーン統合
（企業内サプライチェーン統合）

前に，サプライチェーンマネジメントは，顧客に価値を付加するモノ，サービス，情報を供給するサプライヤーからエンドユーザーまでの企業間統合であると述べた。

これは，企業間の主として「モノの動き」を最適化するエクスターナルサプライチェーン統合（企業間サプライチェーン統合）である。

このエクスターナルサプライチェーン統合は，当然のこととして，企業内の「モノの動き」を最適化するインターナルサプライチェーン統合（企業内サプライチェーン統合）を含んでいる。企業がサプライチェーンマネジメントに取り組む場合，一気に企業間の「モノの動き」を最適化することは，いろいろ無理が伴うので，インターナルサプライチェーン統合からエクスターナルサプライチェーン統合へと段階を踏む必要がある。

そこで，ここでは，まず，インターナルサプライチェーン統合を中心に考えてみる。

6.1 インターナルサプライチェーン統合

企業内の主として「モノの流れ」を最適化するインターナルサプライチェーン統合の本質は，企業内需給統合にあると考える。これは，まさに，企業内の需要と供給をマッチングすることを意味する。すなわち，企業内需給統合とは，市場での各商品の販売状況を迅速，的確に把握して，精度の高い需要予測により策定された販売計画に基づいて，生産・調達・ロジスティクス部門が，適切に製品を供給して，全社的に最適な経営を実践するものである。

筆者は，この企業内需給統合は，「需要と供給の統合」いわゆる需給統合と

「需要と供給の調整」の需給調整からなると考える。需給統合は，計画段階で，販売と生産，調達，ロジスティクスを統合することで，これは，主に本社段階で行うこと，月単位など比較的期間が長いこと，また，広域を対象としているという特徴がある。

一方，需給調整は，実行段階で，販売情報や在庫情報によって，売れ行きが悪ければ，生産部門へ減産や生産中止，販売部門へ販売増の要請をすること，さらに，地域的な販売格差があれば，在庫移動や販売要請を働きかけるなど需給調整を行うことで，これはどちらかというと，工場，支社などの段階で行われること，週や日々という短い期間で行われること，さらに，地域が狭い範囲で行われるという特徴がある。

以上から，企業内需給統合は，需要と供給のギャップを埋めて，「経営のムダ」を排除することで，これを突き詰めると，限りなく在庫を少なくする販売・生産方式を追求することといえる。

6.2　企業内需給統合の企業での役割

では，企業内需給統合の企業での役割について，どう考えるべきか。筆者は，企業において，需要と供給をマッチングする企業内需給統合は，経営戦略の中心的役割，つまり経営戦略そのものと考える。

企業内需給統合の企業での役割をみると，
① 企業内需給統合は，企業のメイン機能である生産と販売をコントロールする役割を持っていること
② 企業内需給統合は，全社的な経営コストの削減の役割を持っていること
③ 企業内需給統合は，いかに市場の動向にマッチした生産，調達，ロジスティクスをするかという大変重要な役割を担っていること

など，企業の発展のために必要不可欠であるとともに，企業経営の要になっていることから，企業内需給統合は，生産戦略，販売戦略と並ぶ，あるいは，それ以上に重要な戦略であり，経営戦略の中心的役割を担っていると考えられる。

6.3　企業内需給統合の計画と実行

今まで，企業内需給統合とは何か，また，それの企業での役割についてみてきたが，では，企業内需給統合をスムーズに行うにはどうしたらよいか。

まず，最初に需給統合計画を策定する必要がある。つまり，需要計画とそれへの供給計画を策定する。需要計画は，適切な需要予測に基づいた販売計画である。一方，供給計画は，生産計画，調達計画，ロジスティクス計画などからなっている。まず，これらの需要計画と供給計画を統合することが大切である。

要は，適切な需要予測に基づいて，販売部門が立てる販売計画と生産・調達・ロジスティクス計画をマッチさせることである（図表6－1）。

図表6－1　販売・生産・調達・ロジスティクス計画関連図

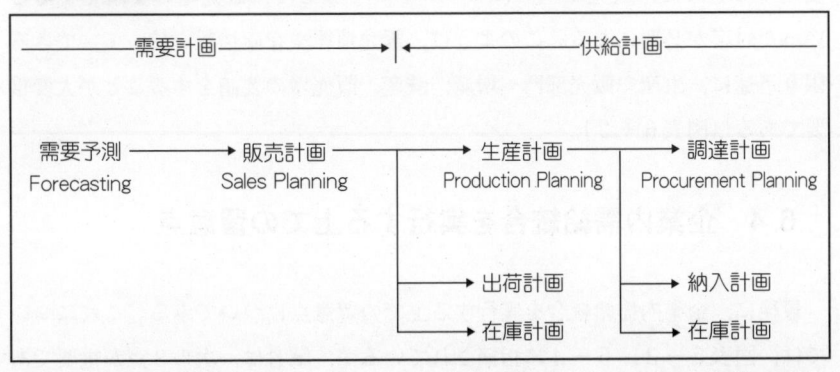

```
 ←―――― 需要計画 ――――→ ←―――――― 供給計画 ――――――→

  需要予測  →  販売計画    →  生産計画     →  調達計画
 Forecasting   Sales Planning  Production Planning  Procurement Planning

                              →  出荷計画     →  納入計画
                              →  在庫計画     →  在庫計画
```

次に，需給調整を行うことである。つまり需要計画と実績との差異の発見とそれに対して適切な供給措置を講ずることである。

これは，適切な販売計画のための需要予測の精度の向上は，言うは易く行うは大変困難な問題である。そこで，販売計画と実績との差異をできる限り早く発見して，その是正措置を講ずることが大事になる。品切れが起こりそうであれば，生産サイドへフィードバックして，生産増を要請し，売り余りや在庫増が起こりそうであれば，生産サイドにフィードバックして，減産や生産中止を

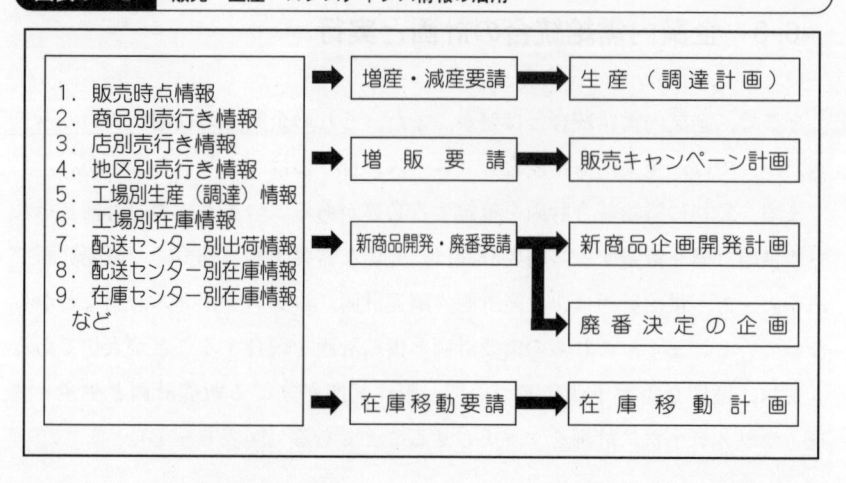

図表6-2　販売・生産・ロジスティクス情報の活用

```
1. 販売時点情報
2. 商品別売行き情報
3. 店別売行き情報
4. 地区別売行き情報
5. 工場別生産（調達）情報
6. 工場別在庫情報
7. 配送センター別出荷情報
8. 配送センター別在庫情報
9. 在庫センター別在庫情報
  など
```

→ 増産・減産要請 → 生産（調達計画）
→ 増販要請 → 販売キャンペーン計画
→ 新商品開発・廃番要請 → 新商品企画開発計画
　　　　　　　　　　　→ 廃番決定の企画
→ 在庫移動要請 → 在庫移動計画

要請する。また，販売サイドにフィードバックして，販売増の要請をするといった対応が必要になる。このように，販売情報や在庫情報を使って，できる限り迅速に，生産や販売部門へ増産，減産，販売増の要請をすることが大変重要である（図表6-2）。

6.4　企業内需給統合を実行する上での留意点

最後に，企業内需給統合を実行する上での留意点についてみる。これについては，図表6-3，6-4に指摘されているが，筆者は，次の3点が重要であると考える。

第1は，精度の高い需要予測に基づいた販売計画を策定することである。なぜ，精度の高い需要予測に基づいた販売計画でなければならないか。それは，生産，調達，ロジスティクスは，販売計画に基づいて行われるからである。

第2は，品切れ，売り損じ，在庫増などの販売情報，在庫情報をすばやく適切に把握できること，次にこれを掴んだらタイミングよく情報を関係部門へフィードバックすることである。

第6章　インターナルサプライチェーンの統合

| 図表6-3 | 企業が需給システムを再構築する際に考慮すべきポイント |

1. サプライチェーン活動全体を見渡す「プロセスオーナー」の視点を持つこと
2. 業績や業務の重要性を見直す定例の販売・業務計画会議（Sales & Operation Planning Meetings：ＳＯＰＭs）を開くこと
3. 財務上の目的や販売・生産・物流部門などでバラバラに立案された計画でなく、全組織が同じ需要予測と販売計画をもとに業務を行うこと
4. 在庫計画や供給計画を全社的に統合管理すると同時に、需要予測や週次、日次でのラインスケジュールを調達活動と同期化させるための責任分担は、各部門に残しておくこと。例えば、販売部門は、需要予測責任を持つべきであることや詳細なラインスケジュールは、生産部門が行うべきであること
5. 柔軟な生産の仕組みを構築すること
　短い生産サイクル、組み付け時間の短縮、段取り替え能力の向上、多能工化によるセル型生産方式、受注時に生産や発注を開始するような生産確定タイミングの引きのばし、スピーディーかつ効率的な計画立案など
6. 意思決定支援ツール、リアルタイム情報更新、計画支援機能をもつ統合ソフトウェアなどの活用

（出所）　W．C．コパチーノ稿「需要計画と生産計画をリンクさせろ」輸送経済新聞社編「流通設計」1998年4月号。

| 図表6-4 | 効果的な需給計画・管理プロセス |

1. 全社レベルの責任体制を確立する
2. 需要計画と供給計画を統合する
3. 製品予測の影響を排除する（需要予測の精度の向上に重きを置かないようにする）
4. 共通の用語をつくり統一性を重視する
5. 顧客対応を不公平にする（差別化する）
6. アフターサービスを管理する
7. 在庫の代わりに情報を活用する
8. 計画や展開段階で透明性を確保する

（出所）　G．ティンダール他著（入江監訳）「市場をリードする業務優位性戦略」ダイヤモンド社，1999年。

　第3は、企業において、販売情報、在庫情報に対して、柔軟に対応できる生産・調達・ロジスティクス体制を確立しておくことである。

以上，企業内需給統合の実行上の留意点についてみてきたが，第1の精度の高い需要予測に基づいた販売計画は，いくら努力しても実績との誤差は，発生するものである。したがって，常に変化する販売状況に合わせて，生産，調達，ロジスティクスを調整できる能力が備わっていることが重要なポイントである。つまり，変化対応型の生産・調達・ロジスティクス体制の確立が必要不可欠である。

（参考文献）
1．菊池康也著『最新ロジスティクス入門』税務経理協会，2003年。
2．菊池康也著『ロジスティクス概論』税務経理協会，2000年。
3．W.C.コパチーノ稿「需要計画と生産計画をリンクさせろ」輸送経済新聞社編『流通設計』1998年4月号。
4．入江仁之稿「ＳＣＭシステムの機能」輸送経済新聞社編『流通設計』1998年2月号。
5．G.ティンダール他著（入江監訳）『市場をリードする業務優位性戦略』ダイヤモンド社，1999年。

第7章　企業内需給統合化

　前章では，インターナルサプライチェーン統合の本質である企業内需給統合とは何かについてみてきた。
　ここでは，企業内需給統合化するには，どうしたらよいかを考えてみる。
　筆者は，企業内需給統合化するには，次の2点が必要不可欠であると考える。
　第1は，企業内の「モノの動き」を同期化すること
　第2は，企業内の「モノの動き」をスピード化すること
　以下，それぞれの概要について述べる（図表7－1）。

図表7－1　企業内需給統合と全般管理活動

同　期　化	ス　ピ　ー　ド　化
1．各部門の「全体最適」の意思決定 2．各部門の責任の明確化 3．各部門間の情報の共有化 4．各部門のボトルネックの発見と改善 5．各部門間のコミュニケーションルールの明確化 6．各部門の需要対応能力の向上	1．「情報の動き」のリードタイムの短縮 　(1)　計画立案の多頻度化 　(2)　計画確定期間の短縮化 　(3)　同時並行計画化 　(4)　市場と各部門とのダイレクトコミュニケーションルートの構築 　(5)　意思決定や伝達のスピード化 　(6)　計画ツールの活用 2．「モノの動き」のリードタイムの短縮 　(1)　調達から販売までの「モノの動き」の時間短縮 　(2)　生産，ロジスティクスの先送り 　(3)　同時並行エンジニアリング化 　(4)　重複業務の排除や業務の統廃合 　(5)　柔軟性の向上 　(6)　大ロットから小ロットへ 　(7)　商品の統廃合と部品の共通化の推進 3．部門間の業務をスピード化するための情報システムの構築

7.1 「モノの動き」の同期化

これは、企業の販売、生産、調達、ロジスティクスを結びつけ、「モノの動き」を同期化することである。

それには、各部内の「全体最適」の意思決定、各部門の責任の明確化、各部門間の情報の共有化、各部門のボトルネックの発見と改善、各部門間のコミュニケーションルールの明確化、各部門の需要対応能力の向上などが必要不可欠である。

以下、その概要についてみていく。

7.1.1 各部門の「全体最適」の意思決定

販売・生産・調達・ロジスティクス部門には、それぞれの論理（目標）がある（図表7－2）。各部門がそれぞれの論理を振りかざして行動していては、企業として成り立たない。そこで、この論理を乗り越えて、各部門の「全体最適」の意思決定をすることが大切である。

図表7－2　各部門の論理

調達の論理	生産の論理	ロジスティクスの論理	販売の論理
低価格購入 ・短いリードタイム ・発注ロット大 ・少ない在庫	生産増、生産合理化 ・長生産サイクル ・固定的生産スケジュール ・大ロット生産	コスト低減 ・受注ロット大 ・長いリードタイム ・低い在庫レベル ・大ロット輸送	売上増大、シェアアップ ・高い在庫レベル ・短い納期など高い顧客サービス ・多品種

例えば、部門の論理と顧客サービス、保管（在庫）コスト、配送コスト、製造コスト、購入コストとの関係についてみると、それぞれ部門間にはコンフリクト（対立）が存在する（図表7－3）。

これらの部門の論理を乗り越えて、「全体最適」を求めることが、大変重要

図表7－3　主要機能の論理と顧客サービス・コストとの関係

機能	論理	高低	顧客サービス	保管コスト	配送コスト	製造コスト	購入コスト
マーケティング	売上増大, シェアアップ	高	○	×	×	×	×
		低					
生　産	生産増, 生産合理化	高		×	×		×
		低	×			○	
調　達	低価格購入	高		×	×	×	
		低	×				○
ロジスティクス	ロジスティクスコスト低減	高				×	×
		低	×	○	○		

なポイントである。つまり，顧客サービスの向上と製造・保管・配送・購入コストの低減を目指すことは，企業にとって大変重要である。

7.1.2　各部門の責任の明確化

次に，各部門の責任分担をはっきりさせる必要がある。例えば，調達は，必要以上購入したり，生産は，目いっぱい作ったり，予定どおり生産できなかったり，また，販売は，販売指示や販売数量が中途半端であったり，販売計画のための需要予測の精度が低かったり，ロジスティクスは，在庫把握がいいかげんで在庫の確保がきちんとしないなど，いろいろな問題点やあいまいさを探り出して，販売・生産・調達・ロジスティクス部門の責任分担，すなわち，販売責任，生産責任，調達責任，ロジスティクス責任などを明確にすることが企業内需給統合の第1歩である。

7.1.3　各部門間で情報の共有化

各部門間の計画連動性の悪さ，計画変更の連絡頻度不足や「情報の動き」と「モノの動き」の非同期などを改善することによって，計画情報の一元化，計画と実績とのギャップの把握を可能にすることや，「モノの動き」と同期化し

た実績情報の共有化が大事である。

　要は、「モノの動き」の同期化を図るために、最新の情報技術の運用によって、「モノの動き」に関する情報を各部門間で共有して、各部門間の「モノの動き」の同期化を図ることである。

7.1.4　各部門のボトルネックの発見と改善

　各部門のボトルネックを発見し改善することにより、部門間の「モノの動き」のそれぞれのプロセスの処理スピードを一致させるとともに、それぞれのプロセスのキャパシティ（処理能力）を一致させて同期化することである。つまり、各部門のボトルネックをベースにしたプランニングをして、ボトルネックを能力限界まで活用することである。

　これを、要するに制約理論（Theory of Constraints）に基づいて、最適化計画を作ることが大切である。

7.1.5　各部門間のコミュニケーションルールの明確化

　市場は、日々変化していること、また、生産、調達、ロジスティクスなどの供給側も生産減、品質事故、調達の遅れ、輸配送の遅れなどが発生しているので、絶えず販売、生産、調達、ロジスティクスなどの各部門間との円滑なコミュニケーションができる仕組みづくりを行う必要がある。

7.1.6　各部門の需要対応能力の向上

　各部門は、需要情報を迅速に共有するとともに、販売促進や広告宣伝などマーケティング活動によって創出された需要を計画に組み込む部門の枠を越えた需要対応能力を向上させることが大事である。

7.2　「モノの動き」のスピード化

　これは、いかに部門間の「モノの動き」をスピード化するかである。それに

は,「情報の動き」のリードタイムの短縮と「モノの動き」のリードタイムの短縮, さらには, 業務をスピード化するための情報システムの構築が大切である。

以下, その概要についてみていく。

7.2.1 「情報の動き」のリードタイムの短縮

① **計画立案の多頻度化**

これは, 販売, 生産, 調達など計画期間を短縮して, 業務プロセスを改善して, 情報の流れの短縮を図ることである。つまり, 販売・生産・調達計画の策定にあたって, 月次計画から旬次・週次計画へと短縮し, さらにその中で計画の修正を行うことは, 業務プロセスを短縮する重要な要件である。

例えば, 多くの企業では, 販売・生産・調達計画を月単位で行って, 10日, 20日で修正しているが, これでは販売動向に追いつかない。販売計画を月単位から旬・週単位にして, さらに, 旬, 週の中で修正することによって, 販売動向に迅速, 的確な対応が可能になるとともに, 販売と生産のパイプを短縮することにもなる。

② **計画確定期間の短縮化**

これは, どこまで先の需要に対応すべきかという計画確定期間の問題である。

計画確定期間が長ければ長いほど, 市場の変化に対応することが困難であるとともに, 在庫の危険負担が発生する。これには, 例えば, 1か月先の需要に計画を確定することから, 1週間先の需要に計画を確定して, 市場の変化に迅速, 的確に対応するとともに, 在庫の危険負担を減少させることが大切である。

③ **同時並行計画化**（Concurrent Planning）

販売計画と実績とのギャップについて, 販売計画を作り, それに基づいて, 生産・調達・ロジスティクス計画を策定する。いわゆる順次計画ではなく, 部門間のあらゆる要因を取り込んで, 同時並行ですべての計画決定を行う同

図表7-4　同時並行的な最適化計画立案機能

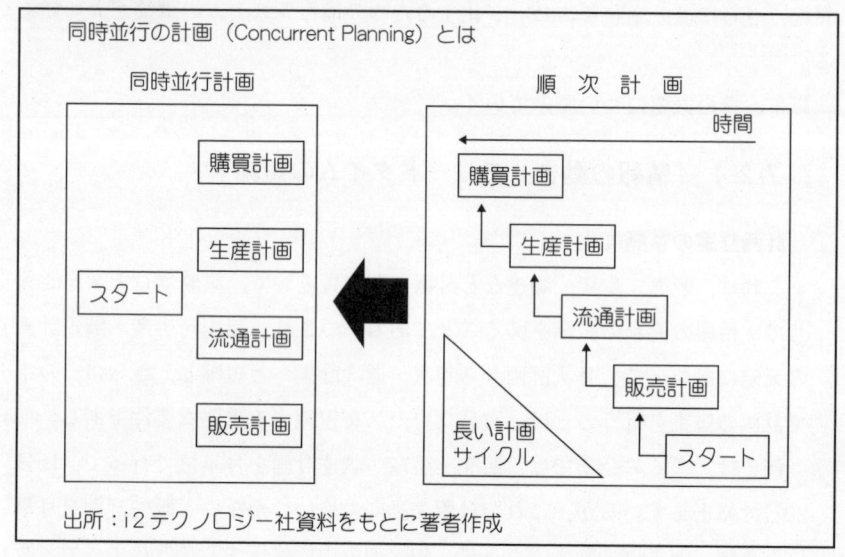

```
同時並行の計画（Concurrent Planning）とは

   同時並行計画              順　次　計　画
                                          時間
   ┌─────────┐         ┌──────────────┐
   │  購買計画  │         │   購買計画      │
   │          │         │     ↑         │
   │  生産計画  │         │   生産計画      │
   │スタート→        │         │     ↑         │
   │  流通計画  │         │   流通計画      │
   │          │         │     ↑         │
   │  販売計画  │         │   販売計画      │
   └─────────┘         │     ↑         │
                       │ 長い計画  スタート │
                       │ サイクル         │
                       └──────────────┘

出所：i2テクノロジー社資料をもとに著者作成
```

（出所）　藤野直明著「サプライチェーン経営入門」日本経済新聞社,1999年。

時並行計画化を目指すことが大切である（図表7-4）。

④　**市場と各部門とのダイレクトコミュニケーションルートの構築**

　市場動向や生産，調達，ロジスティクスの状況をリアルタイムで把握して，それについて，各部門をダイレクトで結ぶコミュニケーションルートを構築する。

⑤　**意思決定や伝達のスピード化**

　生産や販売の異常や例外事項に対する伝達の速度，意思決定の速度，レスポンスの速度などを早めることが大事で，特に，意思決定のスピードアップを図ることが重要なポイントである。

⑥　**計画ツールの活用**

　各種計画ツール，例えば，ＭＲＰ（Material Requirements Planning，原材料・資材所要量計画＝原材料から製品に至るまでの資材，部品の流れをコンピュータで管理し，その所要量を設定，計画する方法）やＭＲＰⅡ（Manufac-

第7章　企業内需給統合化

turing Resource Planning，生産資源計画＝設計，財務，生産，ロジスティクス，マーケティングといった企業におけるすべての機能の活動を計画し管理する全社的計画）やＤＲＰ（Distribution Requirements Planning，流通所要量計画＝工場，流通センター，デポごとに，安全在庫量を切らさないように流通量を計画的に管理する方法）やＤＲＰⅡ（Distribution Resource Planning，流通資源計画＝倉庫スペース，人的資源，輸送能力などの流通システムの主要資源の計画を含めて，各段階で安全在庫量を切らさないように流通量を計画的に管理する）などを導入して，計画プロセスを強化して，情報の流れを短縮化することが重要である。

7.2.2 「モノの動き」のリードタイムの短縮化

① **調達から販売までの「モノの動き」の時間短縮**

時間は，大切な経営資源である。ムダを排除して「モノの動き」の総経過時間（トータルリードタイム，リードタイム）をいかに短縮していくかが課題である。

例えば，在庫日数，受注から顧客に品物が届けられるリードタイム，材料が工場に滞留する日数，製造に要する日数，調達に要する日数，製品を開発設計するために要する日数などを短縮することが重要なポイントである。

② **生産，ロジスティクスの先送り**

生産，調達のサイクルタイムが長くなればなるほど，販売計画について，遠い先まで策定しなければならない。そうなると販売のブレも大きくなり在庫を多く持たざるを得ない。

それには，顧客の注文に応じて，生産やロジスティクス活動ができるよう生産やロジスティクス活動を先送りすることである。その方法として，注文を受ける時点をできる限り上流に持っていくことが大切である。

③ **同時並行エンジニアリング化**（Concurrent Engineering）

製品設計と生産プロセス（Design for Manufacturing）だけでなくロジスティクスプロセスのデザイン（Design for Logistics，モノをどう流すか）を

可能な限り同時に並行して推進し，スピード化を図ることが重要である。

④ **重複業務の排除や業務の統廃合**

販売，生産，調達，ロジスティクスなど各部門には，それぞれ独自の活動領域が存在するとともに，各部門にはインターフェース活動が存在している（図表7－5）。このインターフェース活動というのは，ひとつの部門では効率的，効果的にマネジメントすることが困難な活動領域である。部門内の業務だけでなく，部門間のインターフェース活動領域についても，この業務は，本当に必要か，部門間で重複していないか，部門間で連携の悪い業務はないかなど業務を徹底的に見直して，業務プロセスを短縮する。

図表7－5　ロジスティクスのマーケティングと生産とのインターフェース

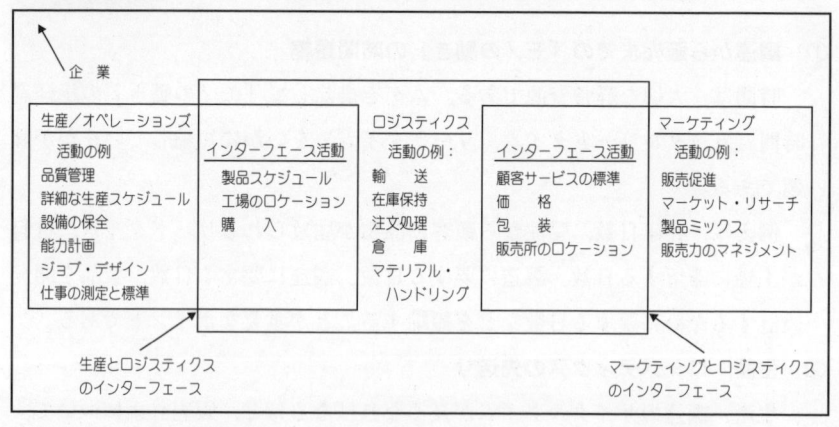

生産/オペレーションズ	インターフェース活動	ロジスティクス	インターフェース活動	マーケティング
活動の例 品質管理 詳細な生産スケジュール 設備の保全 能力計画 ジョブ・デザイン 仕事の測定と標準	製品スケジュール 工場のロケーション 購　入	活動の例： 輸　送 在庫保持 注文処理 倉　庫 マテリアル・ハンドリング	顧客サービスの標準 価　格 包　装 販売所のロケーション	活動の例： 販売促進 マーケット・リサーチ 製品ミックス 販売力のマネジメント

生産とロジスティクスのインターフェース　　　　マーケティングとロジスティクスのインターフェース

（出所）　R. H. Ballou, Business Logistics Management (2nd Edition), Prentice-Hall, 1992.

⑤ **柔軟性の向上**

柔軟性は，企業が予期しないオペレーショナルな状況にどう対応するかを意味している。

市場の変化，販売の変化に対して，スピーディかつフレキシブルな生産・調達・ロジスティクス体制を確立することが必要不可欠である。これによって，企業の優秀性の目標である競争優位性を創出することが可能である。

⑥ **大ロットから小ロットへ**
　生産，調達，ロジスティクスのロットサイズを小さくすれば，段取り替えが増え，生産や調達，ロジスティクスの生産性の低下を招くので，柔軟な段取り替えを行うことによって，その低下をできるだけ最小限にとどめてロットサイズを小さくする。これにより，仕掛品や在庫を削減する。

⑦ **商品の統廃合と部品の共通化の推進**
　商品アイテム数を全社的観点から，絶えず見直して削減を図ることや，部品の標準化，共有化，統廃合を推進して，業務プロセスの短縮を図ることが大切である。とくに，商品数について，全社的に絶えず定期的に見直しをするとともに，ＰＯＳ情報や販売情報を製品開発設計部門へフィードバックする体制を確立すること，さらには，モデル数を確立したり，モデル打ち切り基準をルール化するなどして，とにかく商品のアイテム数を増やさない工夫が重要なポイントである。

7.2.3　部門間の業務をスピード化するための情報システムの構築

　業務をスピードアップしたり，個人の業務能力のアップのために情報システムをどう構築するかである。
　例えば，カンや経験に頼っていた輸配送計画について，配送計画システムを導入したり，また，電話連絡によって貨物追跡していたものを，車載端末によるトラック移動管理システムを導入したり，さらに，倉庫内でのピッキングミスを少なくするためデジタルピッキングシステムを導入して業務プロセスの短縮を図ることが大切である。
　いずれにしても，業務のスピードアップと能力アップのために，各種情報システムを構築して業務プロセスの短縮を図ることである。

　今まで，企業内需給統合化についてみてきたが，次章からこれらの中で，主な企業内需給統合化のための機能別のマネジメント活動について詳しくみてい

く。

(参考文献)
1. 菊池康也著『ＳＣＭの理論と戦略』税務経理協会，2006年。
2. 菊池康也著『収益向上のための物流リエンジニアリング』中央経済社，1994年。
3. 菊池康也著『最新ロジスティクス入門』税務経理協会，2003年。
4. 菊池康也著『ロジスティクス概論』税務経理協会，2000年。
5. 藤野直明著『サプライチェーン経営入門』日本経済新聞社，1999年。
6. 稲垣公夫著『ＴＯＣ革命』JMAM，1998年。
7. Ｊ．ガートナ編（前田・田村訳）『サプライチェーン戦略』東洋経済新報社，1999年。
8. Ｃ．Ｈ．ファイン著（小幡訳）『サプライチェーン・デザイン』日経ＢＰ社，1999年。
9. R.H.Ballon, Business Logistics Management (2nd Edition), Prentice-Hall, 1992.

第8章　企業内需給統合と需要管理機能

　企業内需給統合は，販売に対していかに最適な生産，調達，ロジスティクスを行うかである。
　この企業内需給統合をスムーズに行うには，販売（マーケティング）部門の部門間「全体最適」な需要管理が重要なポイントとなる。しかしながら，わが国の販売（マーケティング）部門は，次のような問題を抱えているように思われる。
　①　販売計画のための需要予測の精度が低いこと
　②　販売計画達成のため，月末，期末に特約店に製品を押し込むこと
　③　生産部門に対して，どんな量でも生産が可能だと思い込んでいること
　④　ロジスティクス部門に対して，どんな量でも運べると思い込んでいること
　⑤　品切れを恐れて，在庫を多く持つ傾向があること
　⑥　販売情報を迅速，的確に関係部門にフィードバックしていないこと
などである。
　これではとても企業内需給統合は，うまくいかない。
　企業内需給統合をうまく行うには，販売（マーケティング）部門の需要管理プロセスの同期化，スピード化が重要なポイントとなる。
　以下，それぞれの概要について述べる（図表8-1）。

| 図表8-1 | 企業内需給統合と需要管理活動 |

同　期　化	ス　ピ　ー　ド　化
1.「全体最適」需要管理システム 2. 適切な販売計画の策定 3. 需要予測の精度の向上 4. 需要コントロール	1. 販売計画立案の多頻度化 2. 販売計画と実績とのギャップへの迅速, 的確な対応 3. そ　の　他 　　取引制度の簡素化など

8.1　同　期　化

　これは, 企業の部門間を結びつけ「モノの動き」を同期化するために, いかに企業の部門間「全体最適」な需要管理システムを構築するかである。

　それには, 次のようなマネジメント活動が必要不可欠である。

8.1.1　「全体最適」需要管理システム

　販売（マーケティング）部門は, 売り損じを避けるため, 高い在庫レベルを維持して, 売上増大, シェアアップしたいという「販売の論理」（目標）が厳然と存在する。これは, 経営全体からみれば, 問題で, 生産, 調達, ロジスティクスを含めた「全体最適」な在庫量を維持する需要管理システムが重要である。

8.1.2　適正な販売計画の策定

　企業内需給統合をスムーズに行うには, 販売（マーケティング）部門が策定する販売計画の適正化がどうしても必要不可欠である。

　それには, 次のことが重要である。

① **販売計画と需要予測の区別**

　　販売計画は, 需要予測と異なるものである（事例8-1）。つまり, 販売計画は, マネジメントを目的としているのに対して, 需要予測は, 客観的な

ものであることを認識する必要がある。ただし、企業によっては、需要予測そのものを販売計画としているところもある。

事例8－1　パイオニアの販売予測と販売計画の区別

パイオニアの需要予測システムの特徴の一つは、販売予測と販売計画の差異管理機能である。予測精度向上のために、販売予測プロセスと販売計画プロセスを区別することにより、統計的手法に基づき算出された予測と予算などの販売政策的に作成された販売計画値と別途管理した上で、その差異を履歴としてシステム上に蓄積できるよう設計されている。したがって、販売計画に妥当性を欠いている場合には、この販売予測と販売計画の履歴及びその差異履歴を分析することで、改善を促すことができるという仕組みになっている。

(出所)　ベリングポイント(株)編著『ジャパニーズソリューション』ダイヤモンド社、2000年。

② **販売計画は，需要予測をベースにして策定すること**

販売計画は、需要予測をベースにして、販売の最前線の需要予測報を反映させる必要がある。その場合、例えば、例外的な特売、季節消費の押し込み、キャンペーンやイベントによる大量販売や競争相手の新製品の市場導入、市場の情報などによって、販売計画を策定する必要がある。

③ **販売計画が全社的に同意され実行されること**

販売計画が担当部門で策定されたら、全社的に同意される必要がある。つまり、販売計画がインフォーマルでなく、全社的にフォーマル化されて取り扱われなければならない。

④ **適正な販売計画を策定するには，需要予測の精度の向上はもちろんのこと，需要のコントロールも必要であること**

需要予測の精度の向上は、どちらかというと需要を与えられるものと考え、需要に対して、受動的に対応するものであるが、需要コントロールは、需要の変動をコントロールすることによって、需要を平準化することである。

これは，前者と異なって，需要を与えられたものと考えるのではなく，積極的に対応するものである。精度の高い需要予測を反映した販売計画とともに，需要の平準化を販売計画に反映させる必要がある。

8.1.3　需要予測の精度の向上

　前に述べたように，適正な販売計画を策定するには，精度の高い需要予測が必要不可欠である。

　それは，すべての生産・調達・ロジスティクス活動は，販売計画に基づいて行われるといっても過言ではない。精度の低い需要予測に基づいた販売計画だと，計画どおりいかず，在庫過剰，在庫偏在など「経営のムダ」が発生する。

　一方，精度の高い需要予測に基づいた販売計画だと，計画どおり生産・調達・ロジスティクス活動が行われることになるところから

① 　売り損じがないこと
② 　必要な生産数量が決まり，それに基づいて生産計画が立てられ，ムダな生産をしなくてもよいこと
③ 　工場やロジスティクスセンターでの在庫量が決まり，それに基づき在庫計画が立てられ，ムダな在庫を持たなくてもよいこと
④ 　安全在庫量が比較的少なくてすむこと
⑤ 　全在庫量を削減することが可能になること

などである。

　需要予測の精度の向上は，確かに困難であるが，困難ということで手をこまねいていてはだめである。企業の販売（マーケティング）部門は，最大限，需要予測の精度の向上に努力すべきである。

　以下は，需要予測の制度を向上するには，次のことに留意する必要がある。

① 　**統計的予測方法やソフトウェアパッケージの活用**
　　需要予測の方法には，需要予測ソフトウェアパッケージや時系列分析，回帰分析，多変量解析など分析ツールがあるが，需要予測の方法について，唯一無比なものはないことから，これらの方法について，比較検討して，自社

製品に最も適した方法を探ること，つまり，過去の販売実績データを使って検証シミュレーションをして，自社の製品に適した方法を試行錯誤を繰り返して，見つけ出すことが肝要である（事例8－2）。

事例8－2　アスクルの新需要予測ソフトの採用

アスクルは，新需要予測ソフト（米ｉ２テクノロジーズ社のＳＣＭソフト。ｉ２Trade Matrix 旧称RHYTHM）を採用した。目的は，アスクルが主導するＳＣＭを実現するためである。これにより，商品の販売状況や過去の需要変動などを考慮して，単品レベルの需要量が迅速に算出できるようになった。そして，このデータに基づいて，消費の発注量やタイミングを見直して，サプライチェーン全体の効率が高まった。また，全国4か所にある物流センターの在庫を半減しても，オフィス需要変動に対応できるようになった。さらに，センターでの在庫削減により，センター内での在庫管理業務も軽減され，需要予測精度の向上によって販売機会ロスも減少した。こうした改革により，アスクルは大幅なコスト削減が実現できた。

（参考）　日経ＢＰ社編『日経情報ストラテジー』2001年2月。

② 需要予測の期間の短縮化と範囲の適正化

需要予測には，長期的な生産設備建設目的や年度または半期予算のための財務的な目的，さらには，短期的な需給調整目的などいろいろあるが，ここで問題にしている需要予測については，あまり期間が長すぎたり，範囲が広すぎると，精度が保てないところから，期間を短くしたり，範囲を適正化することが肝要である。

③ 需要予測するには，消費者により近い需要情報を使うこと

需要動向については，できるだけ消費者に近いところの情報を使うことが大切である。メーカーの場合，出荷情報ではだめである。なぜならば，出荷情報は，流通に製品を押し込んだだけで，実際に消費者に販売されていないからである。そういう点で，ＰＯＳ情報が一番良いといえる。

④ 市場と現場とのダイレクトなコミュニケーションルートの構築

需要情報を正確かつリアルタイムで把握し，それに基づいて各部門間をダイレクトで結ぶコミュニケーションルートを構築することである。

⑤ 需要予測の精度の向上のため部門間で協働すること

需要予測の精度の向上のためＳ＆ＯＰ（Sale＆Operation Planning，販売・業務計画）を推進することは，これは，需要予測のコンセンサスを形成するため，生産・調達・ロジスティクス部門から各種の情報を需要予測に反映させる必要がある（事例8－3）。

事例8－3　ワールプールのＳ＆ＯＰ

ワールプールのサプライチェーン再建プロジェクトにおける最初の成功例がＳ＆ＯＰプロジェクトの導入だった。これまでは，営業企画や業務企画が立案する環境は，お粗末なもので，そのツールも〈エクセル〉に毛の生えたようなものしかなかった。

しかし，今では，マーケティング，営業，財務，生産の各部門の長期と短期の見直しを集約し，全関連部門が戦略的立案の下敷きに使える予測を導き出せるようになった。その後，まもなくCPFRの試験運用を開始し，予測能力はさらに強化された。

（出所）　ダイヤモンド社編『Harvard Business Review』2005年6月号。

⑥ 需要予測を評価し追跡して，次の予測へ反映させること

需要予測の評価とその追跡もおろそかにできない。これには，関係部門が集まって，需要予測エラーの評価と追跡を行うことである。

これによって，予測のバイアスを明確にできるし，精度の向上にも役立つ。さらに，エラーの追跡は，在庫レベルの決定にも寄与する。

⑦ 需要予測の精度の向上には，限界があることを認識する

需要予測の精度の向上には，いくら努力しても限界があることだ。

そういう点で，需要予測の精度の向上にあまりエネルギーを使うのは問題である。需要予測には，限界があることを認識することが大切である。

第8章　企業内需給統合と需給管理機能

8.1.4　需要コントロール

　需要コントロールは，いかに需要変動をコントロールして，需要変動を平準化するかである。

　なぜ，需要変動の平準化が必要か。それは，需要が大きく変動すると，コスト増と複雑性を招くからである。過度の需要変動によって，例えば，企業が売れ残しを最小にするため，高い在庫率を保持して，顧客サービスレベルを維持するようにすれば，運転資金の上昇を招くこと，需要ピーク時の生産に対応しようとすれば，人件費，倉庫の契約利用料など変動費が増加すること，さらに，需要低迷期には，余剰人員や余剰な生産能力や倉庫能力の遊びが発生し，非効率になるなど過度の需要変動に悩まされることになる。また，過度の需要変動によって，正確でタイムリーな情報への依存度を増すこと，品切れのリスクが増すこと，リードタイムが長くなること，効果的な生産計画への依存度が増すこと，生産に対して正確な情報を提供する能力が減少すること，さらに，製品の劣化のリスクが増えるなど複雑性を増すからである。

　需要変動の平準化を実現するには，次のことが重要である。

① 需要変動要素の洗い出し

　まず，最初に，需要変動を起こしている要素を洗い出し，例えば，支払いサイト，製品の旬表示，製品の賞味期限，決算時期，リベート，ディスカウント，キャンペーン，価格の値下げ，新製品の市場導入，物流ネットワークの長さ，流通チャネルの長さ，最低発注単位，GW（ゴールデンウィーク），需要の強弱，販売促進，広告宣伝などである。

② 需要変動要素の原因の明確化

　需要変動を起こしているそれぞれの要素について，その需要変動を企業自らが引き起こしたものなのか，それとも顧客の需要が原因になっているか調査して明確化する。

③ 需要変動要素の原因の除去，緩和

　需要変動要素の原因によって，自ら引き起こしている需要変動原因を排除

するため，その要素の改善や柔軟な生産対応，さらには，顧客企業の本来の行動様式を掴んで，需要変動を抑えるため，顧客企業とのコミュニケーションの推進を行って，その原因の除去や緩和に努める。

8.2 スピード化

常に変化する需要動向に合わせて，スピーディかつ柔軟な需要管理ができる能力が備わっていることが重要なポイントである。

要は，スピーディかつフレキシブルな変化対応型の需要管理体制の確立が必要不可欠である。

それには，次のようなマネジメント活動が必要である。

8.2.1 販売計画立案の多頻度化

販売計画の期間が長すぎると，販売の変化に対応できない。それには，月次計画から旬次・週次計画に短縮し，その中で計画を多頻度に修正しないと変化の激しい販売に追いつかない。

8.2.2 販売計画と実績とのギャップへの迅速，的確な対応

販売計画が実際の販売と誤差が出たら，すみやかにその計画を変更して対応する必要がある。そのために，販売（マーケティング）・生産・調達・ロジスティクス部門のマネジャーが，計画の確認，コンセンサスを得ること，さらには，その見直しのため，定期的あるいは随時に関係者が集まって，生販物統合会議を開くことが必要となる（事例8-4）。

あるいは，コンピュータシステムによって，計画と実績との間の一定の誤差が出たら自動的に計画の見直しをする仕組みを構築するのもひとつの方法である。

第8章　企業内需給統合と需給管理機能

事例8－4　花王の需給調整のための生販物統合会議

　花王では，販売計画と実績の差が30％以上になるとアラーム〈警告〉が出され，それに対する対策が生産，販売，物流の担当者で協議され，その結果「販売計画システム」「オンラインサプライシステム」「生産数量管理システム」が機動的に修正される。

（出所）　JILS編『日本のロジスティクス』1993年。

　以上，企業内需給統合のための需要管理機能についてみてきたが，その他，スピード化として，取引制度の簡素化などの活動もあげられる。

（参考文献）
1．菊池康也著『ＳＣＭの理論と戦略』税務経理協会，2006年。
2．菊池康也著『最新ロジスティクス入門』税務経理協会，2003年。
3．菊池康也著『ロジスティクス概論』税務経理協会，2000年。
4．J.ガトーナ編（前田・田村訳）『サプライチェーン戦略』東洋経済新報社，1999年。
5．ダイヤモンド社編『Harvard Business Review』2005年6月。
6．ベリングポイント(株)編著『ジャパニーズソリューション』ダイヤモンド社，2000年。
7．W.C.Copacino, Supply Chain Management, The St. Lucie Press, 1997.

第9章　企業内需給統合と生産機能

　企業内需給統合は，販売に対して，いかに最適な生産，調達，ロジスティクスを行うかである。
　この企業内需給統合をスムーズに行うため，前章で精度の高い需要予測に基づいた販売計画の策定が大事だと述べた。しかし，需要予測の精度の向上は，いくら努力しても限界がある。したがって，需要予測の精度の向上と負けず劣らず重要なのは，生産部門の部門間「全体最適」な生産が重要なポイントとなる。しかしながら，わが国の企業の生産部門は，次のような問題を抱えているように思われる。
　① 勝手に沢山生産する傾向があること
　② 製造原価抑制のためまとめて生産すること
　③ 生産に対して柔軟性がないこと
　④ 製品事故について，各部門に迅速，的確に連絡しないこと
　⑤ 生産計画の変更をスピーディに行わないこと
などである。
　これでは，とても企業内需給統合は，うまくいかない。企業内需給統合をうまく行うには，生産プロセスの同期化，スピード化が重要なポイントとなる。
　以下，それぞれの概要について述べる（図表9−1）。

図表9-1　企業内需給統合のための生産活動

同　期　化	ス　ピ　ー　ド　化
1. 需要プル型生産システム 2. 「全体最適」生産システム 3. その他 　　グローバル生産，セル生産，モジュール生産など	1. 生産計画立案の多頻度化 2. 生産確定期間の短縮化 3. 生産計画の変更をスピーディに行う体制の確立 4. 生産リードタイムの短縮化 5. 生産の先送り 6. 柔軟な生産調整 7. 増産の瞬発力の養成 8. 減産や製造中止の対応への事前準備 9. 大ロットから小ロットで柔軟に生産できる体制の確立 10. その他 　　工場の集約, Design for manufacturingなど

9.1　同　期　化

これは，企業の部門間を結びつけ「モノの動き」を同期化するために，いかに企業の部門間「全体最適」な生産システムを構築するかである。

それには，次のようなマネジメント活動が必要不可欠である。

9.1.1　需要プル型生産システム

まず，生産は，生産のためにあるのではない。あくまでも販売のためにあることを銘記すべきだ。案外このことが，生産部門の人々はわかっていないのではないかと懸念される。

市場動向を無視した生産は，無用である。まさに，市場のために生産が求められている。プロダクトアウトからマーケットアウトへの発想の転換がどうしても必要である。つまり，顧客が欲しているものを顧客が必要とするときに生産する方法へと転換する必要がある。

要は，実需に基づいた実需プル型の生産システムを作る必要がある（事例9

－1）。

━━事例9－1　エアバスインダストリーのプル生産方式━━

　エアバスインダストリーでは，生産方式をプッシュシステムからプルシステムへと移行させた。この生産方式によって，厳しい競争や増大するコストに対処し，利益を維持することができるようになった。顧客の欲しているものだけを，顧客が必要なときに生産することによって，同社では，生産コストを激減させることに成功したのである。

Source：John Crampton, "*Lean Manufacturing is Just a Start,*" Interavia Business & Technology, No. 602, August, 1996.

（出所）　G.ティンダール他著（入江監訳）『市場をリードする業務優位性戦略』ダイヤモンド社，1999年。

9.1.2　「全体最適」生産システム

　わが国の企業では，メーカーでは，とくに生産部門はかなりの力を持っているため，どうしても「生産の論理」（目標）がまかり通ってしまい，「経営のムダ」が発生しがちである。工場では，製造原価を安くするという理由だけで，まとめて生産するという工場の「部門最適」を目指すことは問題である。販売，調達，ロジスティクスなどを含めた「全体最適」を目指すことが大切である。もはや，生産部門による製造原価抑制のため，製品をまとめて生産することは，通用しないことは，自明の理である。

9.2　スピード化

　常に変化する販売・在庫状況に合わせて，スピーディかつ柔軟な生産ができる能力が備わっていることが重要なポイントである。
　要は，スピーディかつフレキシブルな変化対応型の生産体制の確立が必要不可欠である。
　それには，次のようなマネジメント活動が必要である。

9.2.1 生産計画立案の多頻度化

変化の激しい市場変化に対して，スピーディかつ柔軟な生産をするには，生産計画期間を短縮する。例えば，月次計画から旬次・週次計画へ，さらにその中で多頻度に計画の変更を行うことが大切である（事例9－2）。

事例9－2　ヤマハ発動機の生産計画サイクルの短縮化

　ヤマハ発動機は，二輪車の生産計画サイクルを2週間から1週間に短縮した。受注から出荷までを管理するサプライチェーンを整備し，組立工程を簡素化することで受注状況に迅速に対応できる生産体制を構築。不良在庫の発生を減らした。

　これによって，工場では以前は毎月5日と20日にそれぞれ翌月前半と後半の2週間分の生産計画を立てていたが，現在は毎月4回，1週間分の生産計画を策定する体制に移行している。

（出所）　日経BP社編『日経情報ストラテジー』2002年1月。

9.2.2 生産確定期間の短縮化

生産計画立案の多頻度化のほかに，どこまで先の需要に対応するかという計画確定期間の問題がある。

生産確定期間が長ければ長いほど，市場の変化に迅速に対応することが難しいとともに，在庫の危険負担が発生する。それには，例えば，1か月先の需要に対して生産を確定することから1週間先の需要に対して生産量を確定して，計画確定期間を短縮することが肝要である（事例9－3）。

事例9－3　シャープの生産決定時期の早期化

　計画サイクルとともにシャープが取り組んだテーマが生産決定時期の早期化である。短縮された計画サイクルにおいても"どこまで先の需要に対応するべきか"という課題が残る。シャープは，従来の3か月先に対応す

る体制から，週次計画（1週間で生産を決定）で対応することを前提とした1週間先の需要への対応に向けて業務を改革していき，市場の変化に対する対応力を向上させた。

（出所）　ベリングポイント(株)編著『ジャパニーズソリューション』ダイヤモンド社，2002年。

9.2.3　生産計画の変更をスピーディに行う体制の確立

日々の販売状況をスピーディに生産計画策定部門にフィードバックすることはもちろんであるが，それに基づいて，生産計画をスピーディに変更できる組織体制を確立しておくことが重要なポイントである。例えば，販売計画のブレが30％以上になれば，すぐに販売・生産・調達・ロジスティクス部門が生販物統合会議を開いて，その対応を協議することや意思決定のルール化をしておくこと，さらに，権限委譲することなどによって迅速な対応ができる体制を作っておく必要がある。

9.2.4　生産リードタイムの短縮化

生産の期間が長ければ長いほど，当然のこととして販売計画について遠い先まで策定しなければならない。したがって，販売のブレが大きくなるので，在庫を多く持たざるを得ない。また，市場変化に迅速，的確に対応できない。そのため生産期間を短縮する必要がある。

9.2.5　生産の先送り

生産期間の短縮が難しいときは，顧客の注文を受ける時点を可能な限り上流にもっていくことが重要なポイントである（図表9－2）。

これによって，市場への迅速な対応や予測によって在庫を作ることを避けられ，売り損じやムダをなくすことが可能になる（事例9－4）。

図表9-2　主な注文対応形態

区　分	設　計	原材料調達	原材料受入	原材料加工	半製品受入	製品受入
受注設計生産	←					
受　注　生　産		←				
受注加工組立生産				←		
受注組立生産					← 実需発生点	
見　込　生　産						←

―――事例9-4　デルのBTO（Build to Order）―――

　デルコンピュータ日本法人は，主として法人顧客から顧客ごとに仕様の異なる受注を受けると受注データは処理され，直接生産指示となってマレーシアの工場に伝えられる。同時に，各部品メーカーにも部品調達の連絡が行われ，その仕様の注文に合わせてジャストインタイムで部品メーカーから部品が供給されて組み立てられる（このため，工場の近くに部品メーカーのハブ倉庫を設けている。）。組立には，約5時間かかる。組み立てられたものは，マレーシアから飛行機で日本に送られて日本の物流センターを経由して届けられる。注文を受けてから5日間くらいで商品が届けられる。

　以上のように，デルコンピューターは，BTOにより徹底した在庫削減とリードタイムの短縮を行っている。

9.2.6 柔軟な生産調整

このところ，工場の評価基準が労働生産性，生産の稼働率や製造原価から市場への適応性に重点が移ってきている。もちろん，製造原価を下げたり，生産の稼働率を上げたり，大量生産をすることは大事であるが，これ以上に大事なことは，販売状況，在庫状況によって，減産，増産，生産中止などスピーディかつ柔軟な生産調整を行うことが必要不可欠である。

9.2.7 増産の瞬発力の養成

企業内需給統合がうまくいくには，市場の変化に柔軟に対応できる生産体制を確立できるかどうかが成功のキーポイントである。とくに，生産部門は，今売れている製品に対して，増産の瞬発力をどう発揮できるかが最大の課題である。

9.2.8 減産や製造中止対応への事前準備

減産や製造中止のときに，一番頭の痛い問題は，余った人員をどううまく活用するかである。余った人員を前向きに活用すること，例えば，多能工化を目指した研修や他工場への応援，機械設備の点検・整備・修理，多忙な製造部門や他工場への応援，販売部門への応援，新製品開発などへの応援，改善活動や小集団活動など前もって準備しておくことが大事である。

9.2.9 大ロットから小ロットで柔軟に生産できる体制の確立

小ロットで柔軟に生産をするには，組み付け時間や製造ロット切り替えや段取り替えなどの時間の短縮や小ロット専用のラインの導入など小ロット生産を可能にする方法をいろいろ考える必要がある。

以上，企業内需給統合のための生産機能についてみてきたが，この他に，同期化としてグローバル生産，セル生産，モジュール生産，スピード化として工

場の集約，Design for Manufacturingなどの活動がある。

（参考文献）
1．菊池康也著『最新ロジスティクス入門』税務経理協会，2003年。
2．菊池康也著『ロジスティクス概論』税務経理協会，2000年。
3．W．C．コパチーノ稿「ロジスティクスと生産を連携させよ」輸送経済新聞社編『流通設計』1997年6月。
4．W．C．コパチーノ稿「製造プロセスを同期化せよ」輸送経済新聞社編『流通設計』1997年7月。
5．ベリングポイント㈱編著『ジャパニーズソリューション』ダイヤモンド社，2000年。
6．W．C．Copacino, Supply Chain Management, The St. Lucie Press, 1997.
7．C．H．ファイン著（小幡訳）『サプライチェーン・デザイン』日経BP社,1999年。

第10章　企業内需給統合と調達機能

　企業内需給統合は，販売に対していかに最適な生産，調達，ロジスティクスを行うかである。
　この企業間需給統合をスムーズに行うには，調達部門の部門間「全体最適」な調達が重要なポイントとなる。
　わが国の企業では，調達は以前からあまり重要性が認識されてこなかったが，このところ，グローバル化の進展や購入費の売上に占める割合がますます増大することなどによって，企業経営において大きくクローズアップしてきている。
　このように，企業において調達の重要性が増してきているにもかかわらず，わが国の企業の調達部門は，次のような問題を抱えているように思われる。
① 必要以上の原材料，資材を持つこと
② 原材料，資材を持つのが極端に少ないこと
③ 原材料，資材の購入量について，販売，生産に応じて購入するのではなく，調達部門で勝手に決めていること
④ 原材料，資材を購入するにあたり，価格を安くするため，まとめて購入する傾向があること
⑤ 調達のリードタイムが長いこと
などである。
　これでは，とても企業内需給統合はうまくいかない。企業内需給統合をうまく行うには，調達プロセスの同期化，スピード化が重要なポイントになる。
　以下，それぞれの概要について述べる（図表10−1）。

図表10−1　企業内需給統合のための調達活動

同　期　化	ス　ピ　ー　ド　化
1．需要プル型調達システム 2．「全体最適」調達システム 3．サプライヤーの集約 4．購買部門の集約 5．共同調達 6．e−調達 7．グローバルソーシング 8．そ の 他 　　グリーン調達，CSR調達など	1．調達計画立案の多頻度化 2．調達確定期間の短縮化 3．調達計画の変更をスピーディに行う体制の確立 4．調達リードタイムの短縮化 5．柔軟な購入量の調整 6．大ロットから小ロットで柔軟に調達できる体制の確立 7．そ の 他 　　資材調達業務の効率化など

10.1　同　期　化

これは，企業の部門間を結びつけ「モノの動き」を同期化するためには，いかに企業の部門間「全体最適」な調達システムを構築するかである。

それには，次のようなマネジメント活動が必要不可欠である。

10.1.1　需要プル型調達システム

まず，調達は，調達のためにあるものでないことを認識すべきである。調達は，あくまでも，販売，生産のためにあることを銘記する必要がある。実需に基づいた実需プル型の調達システムを作り上げる必要がある。

10.1.2　「全体最適」調達システム

調達部門には，大口ロットで購入することにより，低価格で購入したいという「調達の論理」（目標）が厳然と存在する。これでは，経営全体の視点から問題で，販売，生産，ロジスティクスを含めた「全体最適」な購入量を決定すべきである。

10.1.3 サプライヤーの集約

　需要が供給に勝っている場合は，これはあまり効果はないが，供給が需要に勝っているときは，サプライヤーの集約は大変効果がある。つまり，サプライヤーを集約することによって1社への発注量を増やして，購入価格の値引きや納入物流の効率化を得ることである。

　この場合，サプライヤーの地理的位置や不測の事態が起こった場合，支障が出ないようにすること，バーゲニングパワーの効果の発揮など総合的に判断して可能な限りサプラヤーを集約する（事例10-1）。

事例10-1　ヘキスト・シラニーズのサプライヤーの集約

　ヘキスト・シラニーズの繊維・薄膜事業部は，購入機能を分社化した。ただし，主要な購買機能は集権化し，購買活動を調達カテゴリーごとに分けて対応している。カテゴリー別にリーダーが任命され，製品マネジャーとして活動している。

　同社では，また，供給元を統合し，およそ4000社から20社に削減した。この戦略による大きなメリットとして，コスト削減と調達の改善が実現されたことが挙げられる。

Source：Alice Naude, "*Source Reengineering：Focusing on Efficiency in Sourcing and Procurement Is the Newest Industry to Control Costs,*" Chemical Marketing Reporter, No. 3, July, 1996.

（出所）　G.ティンダール他著（入江監訳）『市場をリードする業務優位性戦略』ダイヤモンド社，1999年。

10.1.4　購買部門の集約

　購買業務の効率化や購入量の増大による値引き獲得のため，各工場，支店，本社の各部門などに分散していた購買の窓口を一本化する（事例10-2）。また，生産財とMRO（Maintenance Repair & Operations，間接財の購入，保守をインターネットのネットワークを活用して行う経営改善手法）対象品の購買

窓口を一本化する必要がある。

事例10-2　ソニーEMCSの調達部門の一元化

　ソニーEMCSの調達について，これまで，コンデンサーやモーターなど共通で利用できる汎用電子部品を各工場が個別に発注していた。そのため重複業務があり，調達業務にかかるコストがかさんでいた。そこで，ソニーEMCSは，国内の10工場に分散していた汎用電子部品の調達部門を一元化した。

　これにより，調達の窓口が一元化することで，重複業務を減らし，そして調達業務にかかるコストを削減した。

（参考）　日本経済新聞社『日本経済新聞』2002年1月21日号。

10.1.5　共 同 調 達

　購入量の増大による値引きや短納期小ロット購買が可能になるよう，各社が個別購入していることから，自社だけでなくグループ各社，さらには，取引先がまとまって，共通の資材や部品を購入する（事例10-3）。

事例10-3　日本コカコーラグループの共同調達

　日本コカコーラグループは，グループ各社の資材の共同調達を担当しているコカコーラビバレッジサービスに，グループ各社の情報システムを一括して開発，運用を担当する部署を設置して，SAP社のERPパッケージであるR/3を使ってグループ各社の基幹システムを一本化した。

　これにより，独立した企業であるボトラー各社が協力して，自販機の販売状況や稼働状況，小売店での売れ筋情報，市場動向などを一括管理することで，資材調達や物流業務の共同化を実現した。日本コカコーラグループは，サプライチェーンを強化して資材調達や物流に関するコストを圧縮してグループ全体の競争力を高めた。

（参考）　日経BP社編『日経情報ストラテジー』2001年4月。

10.1.6 e－調達

業務の効率化や生産期間のスピード化を図るため，調達にインターネットを活用するインターネット調達を積極的に推進することが肝要である（事例10－4）。

事例10－4　GEのe－調達

米国ゼネラルエレクトリック社（ＧＥ：General Electric Co.）は，1996年，同社グループで開発したＴＰＮ（Trading Process Network）をＧＥライティング社（GE Lighting）に試験導入した。ＧＥライティング社は，全世界に45の工場を保有し，調達担当者は，各部署から毎日数百件にのぼる機材等の部品調達希望を受ける。ＴＰＮシステム導入以前は，担当者がそれぞれの仕様に合わせて200万枚以上の図面の中から必要なものを探し出し，入札候補企業に郵送していたため，大変な手間がかかっていた。そのため部品調達に必要な資料を発送するだけで最低でも7日間かかり，発注先決定まで3週間以上かかることも珍しくなかった。システム導入後は，各部署から調達依頼がシステムを経由して届き，調達情報の作成や図面の送信も同じ画面上で行われるようになった。このシステムでは，部品供給の候補となる企業は，発注作業開始後2時間以内に調達情報を受け，7日以内に入札することが可能である。

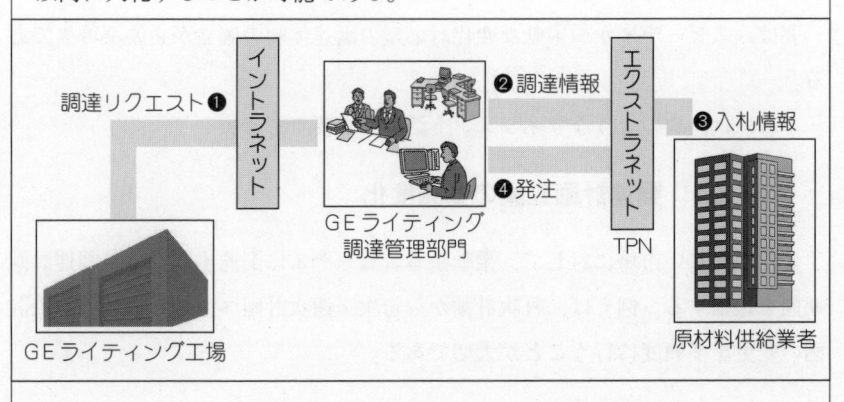

調達リクエスト❶　イントラネット　❷調達情報　エクストラネット　❸入札情報
❹発注
GEライティング工場　　GEライティング調達管理部門　　TPN　　原材料供給業者

> 米国国務省の「Emerging Digital Economy」によれば，このシステムの導入により，ＧＥライティング社では，原材料調達事務のスタッフを60％削減，人件費を30％削減し，調達プロセスの所要日数が以前の18〜23日から，半分の9〜11日になった。また，多数の供給元により，有利な価格での調達が可能になり，原材料調達コストが5〜20％削減された。現在ＴＰＮは，企業間での原材料調達システムとして他社にも提供されている。

（参考）　旧郵政省編『平成11年版通信白書』1999年。

10.1.7　グローバルソーシング

グローバル化の伸展に伴って，企業は，安い部品や資材を求めて全世界に供給源を求めている。それには，調達について，全世界の製造拠点で共通の調達データベースを構築することによって，世界最適調達の仕組みを目指す必要がある。

10.2　スピード化

常に変化する販売状況，生産状況，在庫状況に合わせて，スピーディかつ柔軟な調達能力が備わっていることが重要なポイントである。

要は，スピーディかつ柔軟な変化対応型の調達体制の確立が必要不可欠である。

それには，次のようなマネジメント活動が必要である。

10.2.1　調達計画立案の多頻度化

変化の激しい市場に対して，柔軟かつスピーディに調達するには，調達計画期間を短縮する。例えば，月次計画から旬次・週次計画へ，さらにその中で計画の変更を多頻度に行うことが大切である。

10.2.2　調達確定期間の短縮化

　調達確定期間が長ければ長いほど，市場の変化や生産の変化に迅速に対応することが困難で，在庫の危険負担が発生する。

　それには，例えば，1か月先の需要に対して調達を確定することから1週間先の需要に対して調達を確定して，計画確定期間を短縮することが肝要である。

10.2.3　調達計画の変更をスピーディに行う体制の確立

　日々の販売・生産・在庫状況に基づいて，調達計画をスピーディに変更できる組織体制を確立しておくことが重要なポイントである。

10.2.4　調達リードタイムの短縮化

　原材料，資材，部品の購入に際して，発注から納品までの期間が長いと，どうしてもそれらの在庫を多く持たなければならないし，また，生産の変化に素早く対応できないので，在庫削減と市場の変化に対応できるよう調達期間を可能な限り短縮する必要がある（事例10－5）。

事例10－5　シャープの調達リードタイムの短縮

　従来のシャープでは，1か月という期間の中で需要に対応することを前提とした計画プロセスが運用されており，生産についてもこの1か月分を，いわゆる"まとめ生産"するための体制であった。そこで，市場の変化に柔軟に対応するために，まず1週間で生産を実行できる体制を構築し，そのための生産リードタイム短縮，生産の平準化に取り組むための計画ツール導入などに着手した。それと同時に部品調達リードタイムの短縮にも努めて改革を進めたのである。

（参考）　ベリングポイント(株)編著『ジャパニーズソリューション』ダイヤモンド社，2000年。

10.2.5　柔軟な購入量の調整

常に変化する販売・生産・在庫状況に合わせて，迅速，的確な購入量の調整が必要不可欠である。

10.2.6　大ロットから小ロットで柔軟に調達できる体制の確立

小ロットで柔軟な調達をするには，コンピュータ化や事務の効率化，決済の合理化などによって，ムダを最小限にして，生産性をできるかぎり下げない調達を可能にすることを考える。

以上，企業内需給統合のための調達機能についてみてきたが，この他に同期化として，グリーン調達，ＣＳＲ調達，スピード化として資材調達業務効率化などの活動がある。

(参考文献)
1．菊池康也著『最新ロジスティクス入門（3訂版)』税務経理協会，2003年。
2．菊池康也著『ロジスティクス概論』税務経理協会，2000年。
3．ベリングポイント(株)編著『ジャパニーズソリューション』ダイヤモンド社，2002年。
4．西村裕二稿「調達部門を主役にする」輸送経済新聞社編『流通設計』2000年3月号。
5．JILS編『日本のロジスティクス』1994年。
6．藤本・西口・伊藤共編『サプライヤー・システム』有斐閣，2001年。

第11章　企業内需給統合と製品開発設計機能

　企業内需給統合は，販売に対していかに最適な生産，調達，ロジスティクスを行うかである。
　この企業内需給統合をスムーズに行うには，製品開発設計部門の部門間「全体最適」な製品開発設計が重要なポイントとなる。しかしながら，わが国の企業の製品開発設計部門は，次のような問題を抱えているように思われる。
　①　ただやみくもに製品を開発する傾向があること
　②　製品開発導入にあたって，生産・ロジスティクス上の配慮や既存製品の動きへの配慮が不足していること
　③　定期的な商品アイテムの見直しをしていないこと
　④　開発期間が長いこと
　⑤　新製品導入や製品打ち切り日時があいまいなこと
などである。
　これでは，とても企業内需給統合は，うまくいかない。企業内需給統合をスムーズに行うには，製品開発プロセスの同期化，スピード化が重要なポイントとなる。
　以下，それぞれの概要について述べる（図表11－1）。

図表11-1　企業内需給統合のための製品開発設計活動

同　期　化	ス　ピ　ー　ド　化
1.「全体最適」製品開発設計システム 2. 製品開発設計プロセスへの生産・調達・ロジスティクス担当者の参加 3. 新製品の市場導入にあたって既存製品の動きを考慮して阻害要因にならないように配慮 4. 新製品の販売促進企画について必要以上に新製品の導入により大きな出荷波動を防止 5. 新製品の市場導入にあたって，流通のカバー率や品切れに留意 6. 製品の市場導入にあたって，最近普及率が早く価格下落が急激なので特に需給に配慮	1. 製品開発設計リードタイムの短縮化 2. 部品の共通化 3. 多品種化への歯止め 4. 定期的アイテムの整理 5. 製品打ち切りへの対応 6. そ　の　他 　 製品開発の効率化（部品アイテムの絞り込み，インターネットの活用）など

11.1　同　期　化

これは，企業の部門間を結びつけ「モノの動き」を同期化するために，いかに企業の部門間「全体最適」な製品開発設計システムを構築するかである。

それには，次のようなマネジメント活動が必要不可欠である。

11.1.1 「全体最適」製品開発設計システム

製品設計開発するにあたって，生産のしやすさ，原材料，資材の調達のしやすさと運びやすさ，扱いやすさ，さらには，使用後のリサイクルなどを考慮した「全体最適」な製品開発設計が大事である。

11.1.2 製品開発設計プロセスへの生産・調達・ロジスティクス担当者の参加

製品開発設計をその担当部門だけで行うのは問題である。関連する部門を必ず開発設計プロセスに参加させる必要がある（事例11－1）。

第11章　企業内需給統合と製品開発設計機能

> **事例11-1　イーストマンコダックの製品開発プロセスへの他部門の担当者の参加**
>
> 　イーストマンコダックの使い捨てカメラの開発は，同社の伝統的な「内側から外側へ」の製品開発アプローチからは大きく離れた試みだった。同社は，新製品開発の基礎を社内的な技術革新にはおかず，市場に関心を向け，「小売業者の声（ＶＯＲ）」と「消費者の声（ＶＯＣ）」という，新製品プログラムを開発した。このプログラムの成功のカギとなったのは，製造，設計，マーケティング，研究開発の各担当者で構成される機能横断的なチームだった。使い捨てカメラは，現在年間5億ドルの売上を記録している。
>
> 　Source：Ryan Mathews, "*The Voice of the Consumer,*" Progressive Grocer, July, 1997.

（出所）　G.ティンダール他著（入江監訳）『市場をリードする業務優位性戦略』ダイヤモンド社，1999年。

11.1.3　新製品の市場導入にあたって，既存製品の動きを考慮して，阻害要因にならないようにすること

　新製品の導入によって，既存の製品にどう影響を与えるかをよく考えて，新製品導入によって，既存製品の阻害要因にならないよう配慮する（事例11-2）。

> **事例11-2　シャープの新製品導入**
>
> 　シャープは，製品の流れの最も上流部分である製品開発プロセスにも着目した。設計・開発日程をモニターして，頻繁な設計変更による新製品の生産開始スケジュールへの影響を低減することに努め，新製品の最適な市場投入を図った。また，部品調達の視点に立って，部品，ユニット組品の共用化の目標を設定し，その実績への評価や部品マスターをチェックするしくみなども検討し，改革の視野を広げていった。

（出所）　ベリングポイント(株)編著『ジャパニーズソリューション』ダイヤモンド社，2000年。

11.1.4 新製品の販売促進企画について，必要以上に新製品の導入により大きな出荷活動を生まないようにすること

新製品を市場導入のため，キャンペーンなどによって，必要以上の出荷活動を行って，品切れや運べないことが起こらないようにすることが肝要である。

11.1.5 新製品の市場導入にあたって，流通のカバー率や品切れに留意すること

新製品を市場に導入する場合，全流通に出荷するとなると膨大な製品がないと全流通をカバーできないので，十分な準備が必要である。また，市場導入早々から品切れを起こすと販売に大きく影響するので，そういうことのないよう製品対応を考えておく必要がある。

11.1.6 製品の市場導入にあたって，最近普及率が早く，価格下落が急激なので，特に，需給に配慮すること

最近は，独自のハイテク製品を市場に導入しても普及率が早く，急激な価格下落によって，高い利益が得られないようになっている（図表11－2）。したがって，新製品導入にあたって，高利益率の時に売り損じと低利益率の時に売り余りが発生しないよう，需要と供給をマッチングさせることが肝要である。

第11章　企業内需給統合と製品開発設計機能

図表11−2　デル式勝利の方程式

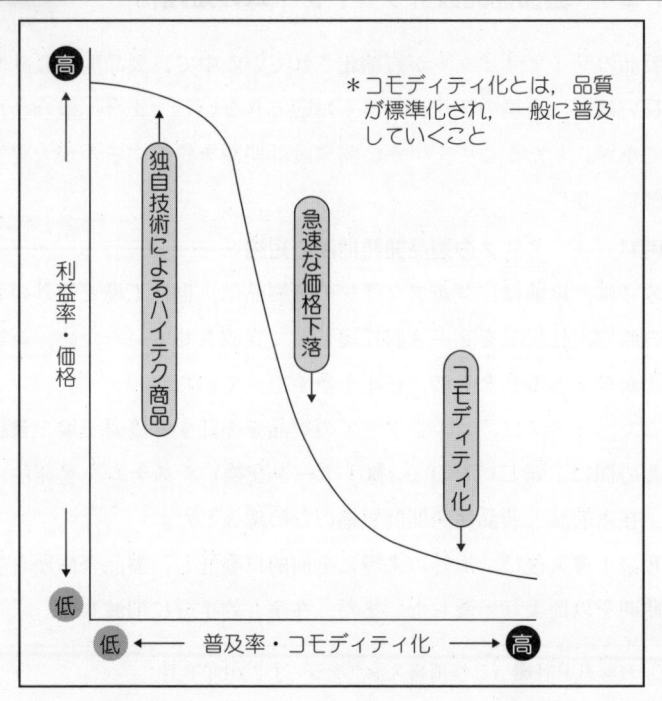

```
高
↑
利　　　独自技術によるハイテク商品
益　　　　　　　　　　　　＊コモディティ化とは，品質
率　　　　　　　　　　　　　が標準化され，一般に普及
・　　　　　　急速な価格下落　していくこと
価
格　　　　　　　　　　　コモディティ化
↓
低
　　低　←　普及率・コモディティ化　→　高
```

（出所）吹野博志著「ダイレクト・モデル経営」かんき出版，2005年。

11.2　スピード化

　常に変化する市場ニーズに合わせて，スピーディかつ柔軟な製品開発設計ができる能力が備わっていることが重要なポイントである。

　要は，スピーディかつフレキシブルな変化対応型の製品開発設計体制の確立が必要不可欠である。

　それには，次のようなマネジメント活動が必要である。

11.2.1　製品開発設計リードタイムの短縮化

近年製品のライフサイクルが短縮化されている中で，製品開発設計期間が長ければ長いほど，市場の変化に素早く対応できないし，また，競合会社との競争に勝てない。したがって，いかに開発設計期間を短縮するかが大変重要である（事例11－3）。

事例11－3　ミズノの製品開発期間の短縮

　ミズノは，以前は，ゴルフクラブの新製品は，自社工場と海外の委託工場との間で，仕掛品を2－3回往復させて完成させていたため，新製品開発期間が長くなるとともに，在庫を多く抱えていた。

　そこで，ミズノは，ゴルフクラブの製品を委託する協力工場や資材メーカーとの間に，新しいＥＤＩ（電子データ交換）システムを受発注に活用して，在庫削減と製品開発期間短縮のため導入した。

　新ＥＤＩ導入後は，海外の工場に全面的に委託し，製品企画から生産までの期間を以前より半減した。また，在庫も約半分に削減した。

（参考）　日経ＢＰ社編『日経情報ストラテジー』2001年8月。

11.2.2　部品の共通化

開発設計プロセスの短縮化を図るため，部品の標準化，共有化を積極的に推進する必要がある。

11.2.3　多品種化への歯止め

多品種化時代では，だまっているとどんどん製品が増えてしまうので，多品種化の歯止めが必要である。例えば，モデル数を確定したり，モデル打ち切り基準をルール化したり，さらに，5つの新製品を導入したら5つの既存製品を廃番にするなど，とにかく製品アイテム数を増やさない工夫が重要なポイントである。

11.2.4　定期的アイテムの整理

製品数について，全社的に絶えず定期的に見直しするとともに，売れない製品は，どんどん整理して，業務プロセスのスピード化を図ることが大切である。

11.2.5　製品打ち切りへの対応

打ち切り対象となるモデルを早めに選定し，販売終息に向けた計画（タイミング，数量）を確定することで終了時の売れ残りを極力抑制する。

以上，企業内需給統合のための製品開発設計機能についてみてきたが，この他に，スピード化として製品開発の効率化（部品アイテムの絞り込み，インターネットの活用）などの活動がある。

（参考文献）
1．菊池康也著『企業物流地位向上の条件』税務経理協会，1998年。
2．菊池康也著『ロジスティクス概論』税務経理協会，2000年。
3．吹野博志著『ダイレクト・モデル経営』かんき出版，2005年。
4．C.H.ファイン著（小幡訳）『サプライチェーン・デザイン』日経ＢＰ社,1999年。

第12章　企業内需給統合とロジスティクス機能

　企業内需給統合は，販売に対して，いかに最適な生産，調達，ロジスティクスを行うかである。
　この企業内需給統合をスムーズに行うには，ロジスティクス部門の部門間「全体最適」なロジスティクスが重要なポイントとなる。しかしながら，わが国のロジスティクス部門は，次のような問題を抱えているように思われる。
① ロジスティクス部門は，品切れを恐れて，在庫を沢山持つ傾向があること
② ロジスティクス部門は，在庫をきちんと把握していないこと
③ ロジスティクス部門は，在庫情報を迅速，的確に関係部門にフィードバックしていないこと
④ 在庫の確保がキチッとできていないこと
⑤ 納入物流は，相手の販売物流ということで，あまり関心を払っていないこと

などである。
　これでは，とても企業内需給統合はうまくいかない。企業内需給統合をうまく行うには，ロジスティクスプロセスの同期化，スピード化が重要なポイントとなる。
　以下，それぞれの概要について述べる（図表12-1）。

図表12−1　企業内需給統合のためのロジスティクス活動

同　期　化	ス　ピ　ー　ド　化
1.「全体最適」ロジスティクスシステム 2. 顧客サービスの向上 3. 共同配送 4. ロジスティクス事業者の集約 5. その他 　　グリーン輸配送など	1. 受注リードタイムの短縮化 2. 効率的なロジスティクスネットワークの構築 3. ロジスティクスの先送り 4. 納入物流の効率化 5. 柔軟なロジスティクス調整 6. 大ロットから小ロットで柔軟にロジスティクスができる体制の確立 7. その他 　　輸配送の効率化，倉庫業務の効率化，在庫管理，Design for Logistics，MRP，DRPなど

12.1　同　期　化

　これは，企業の部門間を結びつけ「モノの動き」を同期化するために，いかに企業の部門間「全体最適」なロジスティクスシステムを構築するかである。それには，次のようなマネジメント活動が必要不可欠である。

12.1.1　「全体最適」ロジスティクスシステム

　ロジスティクス部門は，受注ロット大，低い在庫レベル，大ロット輸送など，コストを低減したいという「ロジスティクスの論理」が厳然と存在する。これは，経営全体からみれば問題で，販売，生産，調達を含めた「全体最適」な受注ロット，在庫量，輸送ロットを目指すことが大事である。

12.1.2　顧客サービスの向上

　顧客の必要要件に基づいて，顧客に商品の利用可能性の保証，すなわち，品揃えの保証，納期・配送の保証，品質の保証，情報の保証など顧客の必要要件に積極的に対応する。さらに，顧客サービスについて，ライバル企業と差別化を図る必要がある（事例12−1）。

第12章　企業内需給統合とロジステックス機能

―― 事例12－1　エルエルビーンの顧客サービスの優秀性 ――

　エルエルビーンは，高品質で耐久性のあるアウトドア衣料とスポーツウエアの通信販売業者である。メイン州のフリーポートにあり，エルエルビーンは，ロジスティクス／流通オペレーションを通して，優秀な顧客サービスと顧客満足を提供する第一級の会社として広く認められてきた。

　エルエルビーンは，大半の注文を電話で受ける。それは，サイズや型で多様化している製品の顧客オーダーを充足し，出荷するために，迅速かつ的確に対応する必要がある。

　エルエルビーンの成功の秘密の一つは，従業員の提案に基づいて，包装する場所の近くに大量のアイテムをストックしていることである。これは，注文に対して，充足する時間を短縮し，効率性を高めて，製品の余分な動きを最少にしている。

　エルエルビーンの業績は，驚異的である。それは，1日につき13万4,000以上を出荷するクリスマスシーズン中でさえ，平均で99.9％の充足率を誇っている。

　流通における顕著な業績の結果の一つとして，ゼロックス，クライスラーのような多くのリーディングカンパニーは，エルエルビーンのロジスティクスオペレーションをベンチマーキングしてきたことだ。

　Source：Synthesized from Otis Port, John Carey, Kerin Kelly, and Stephanie Anderson, "*Special Report：Quality,*" Business Week, Nov. 30, 1992, pp. 66－72；and Otis Port, "*Beg, Borrow and Benchmark,*" Business Week, Nov. 30, 1992, PP. 74－75.

（出所）　D. M. Lambent, J. R. Stock & L. M. Ellram, Fundamentals of Logistics Management, McGraw-Hill, 1998.

12.1.3　共同配送

　物流コスト削減と顧客サービス向上を目指して，都市内，地域内の配送について，従来，トラックが貨物を，荷主別，商品別に運んでいたものを，荷主や

商品を区別しないで,荷物を集約して運ぶ共同配送を積極的に進める必要がある(事例12－2)。

事例12－2　セブン－イレブン・ジャパンの共同配送システム

　セブン－イレブン・ジャパンは,顧客,店舗,取引先がともにメリットが得られる小売業のあり方を求め,合理的な物流システムを開発してきた。その結果,セブン－イレブン・ジャパンは,第三者によって運営される独自の共同配送システムを確立した。

　共同配送とは,異なる取引先の商品を,同じトラックに載せて店舗に納品することである。現在はこの共同配送を一歩進め,同一温度帯の商品を取引先から店舗まで一定の温度で管理して納品する温度帯別共同配送を行っており,商品をより新鮮かつ効率的に店舗に納品できるようになった。

　さらに,2000年11月より,それまでは個別に配送していた菓子,加工食品,雑貨,酒類を一括で配送する方式(常温一括配送)に順次切り替えている。これにより,物流効率の向上を図ることができる。

(出所) http://www.sej.co.jp/investor/irtool/co2005/pdf/coo5-05j.pdf.#search

12.1.4　ロジスティクス事業者の集約

ロジスティクス事業者を集約することによって,1社当たりのロジスティクス発注量を増やして,運賃や料金の値引きやロジスティクスの効率化を図る。

12.2　スピード化

常に変化する販売状況,生産状況に合わせて,スピーディかつ柔軟なロジスティクスができる能力が備わっていることが重要なポイントである。

　要は,スピーディかつフレキシブルな変化対応型のロジスティクス体制の確立が必要不可欠である。

　それには,次のようなマネジメント活動が必要である。

12.2.1 受注リードタイムの短縮化

顧客の需要にスピーディに対応するには，顧客からの注文から出荷，配送までのリードタイムをいかに短縮するかである。これによって，スピーディに顧客に商品を届けることができるとともに，在庫の削減も可能になる（事例12－3）。

事例12－3　シャープの物流リードタイムの短縮

生産された商品を顧客（小売業）に届けるプロセスである物流においても，シャープは，流通センターの統廃合という形でそのリードタイムの短縮を図った。これは，物流プロセスにおける在庫削減という狙いもあるが，将来的な小売業とのコラボレーションを実現するための業務インフラの整備としても考えられたのである。

（出所）　ベリングポイント（株）編著『ジャパニーズソリューション』ダイヤモンド社，2002年。

12.2.2　効率的なロジスティクスネットワークの構築

物流拠点は，顧客サービス提供の基地として，また，トータル在庫の一元管理が可能な基地として重要な役割を持っている。物流拠点の集約と分散をうまくかみ合わせるとともに，特に物流拠点を集約して，効率的なロジスティクスネットワークを構築する必要がある（事例12－4）。

事例12－4　オムロンの物流拠点の集約

オムロンは，以前は受注の窓口であった工場と配送を担当していた物流拠点が全国に分散していたため，無駄な在庫が発生していた。そこで，オムロンは，全国に分散していた4か所の物流拠点を大阪の新しい物流センターに集約し，さらに，販売代理店から受注情報を迅速に収集する情報システムを整備した。

> これによって，在庫集約による物流コストの削減や注文から1日で納品することにより納期が短縮された。

（出所）　日経BP社編『日経情報ストラテジー』2002年1月．

12.2.3　ロジスティクスの先送り

　受注リードタイムの短縮が難しい時，顧客の注文を受ける時点をできるかぎり上流，つまり，配送拠点から集約在庫拠点に持っていき，注文があったら，集約在庫拠点から小売店に製品を配送する。

12.2.4　納入物流の効率化

　調達部門は，納入物流は，相手の販売物流ということで，あまり関心を払ってこなかった。今後，もっと納入物流に目を向けて，その効率化に取り組む必要がある。例えば，サプライヤーの物理的距離，大口ロット納品から小ロット納入，一括物流，一括集荷・配送，ハブ倉庫の設置，バックホールシステム（卸，小売など顧客に製品を配送した後，ベンダー，サプライヤーなどを回り，製品，原材料，資材，部品などを集荷すること）などを総合的に検討する必要がある（図表12－2）。また，納入した原材料，資材について，適正な在庫になるよう在庫管理が必要であることは言うまでもない。

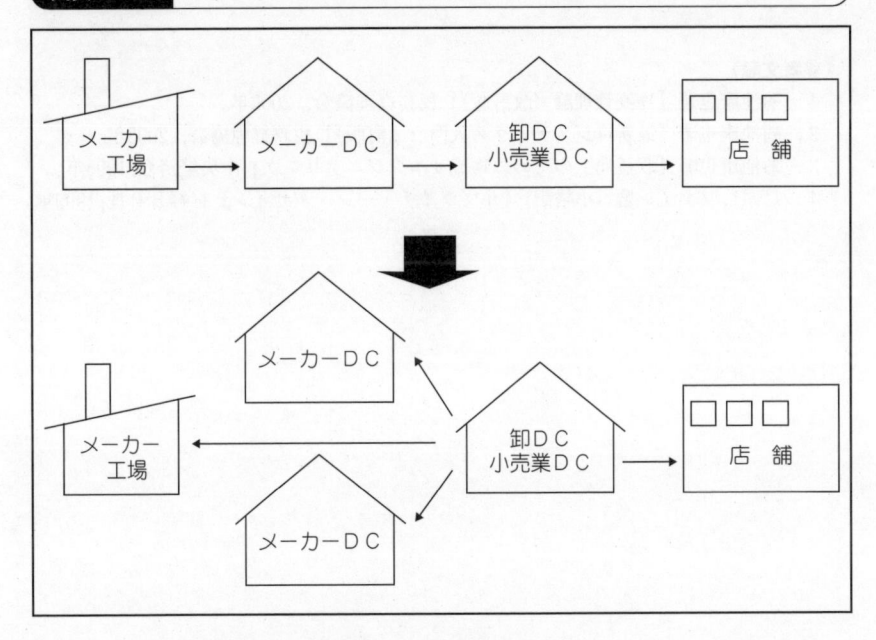

図表12-2　バックホールシステム

```
メーカー工場 → メーカーDC → 卸DC/小売業DC → 店舗

            ↓

メーカーDC
メーカー工場 ← 卸DC/小売業DC → 店舗
メーカーDC
```

12.2.5　柔軟なロジスティクス調整

販売・生産状況によって，スピーディかつフレキシブルなロジスティクス（輸送，保管など）を行うことが必要不可欠である。

12.2.6　大ロットから小ロットで柔軟にロジスティクスができる体制の確立

多頻度小口配送など小ロットで柔軟な輸送，保管をするには，ムダを最少にし，できるかぎり生産性を下げないロジスティクスを可能にする方法を考える。

以上，企業内需給統合のためのロジスティクス機能についてみてきたが，この他に，同期化としてグリーン輸配送，スピード化として輸配送の効率化，倉庫業務の効率化，在庫管理，Design for Logistics，ＭＲＰ，ＤＲＰなどの活動

がある。

(参考文献)
1. 菊池康也著『物流管理論（改訂版）』税務経理協会，2003年。
2. 菊池康也著『最新ロジスティクス入門（3訂版）』税務経理協会，2003年。
3. 菊池康也著『収益向上のための物流リエンジニアリング』中央経済社,1995年。
4. C.H.ファイン著（小幡訳）『サプライチェーン・デザイン』日経BP社,1999年。

第13章　企業内需給統合と需給調整機能

前に述べたように，企業内需給統合は，企業内の「販売と生産の統合」いわゆる需給統合と企業内の「販売と生産の調整」いわゆる需給調整からなっている。「販売と生産の統合」は，販売と生産について，計画段階での統合，つまり，需給統合することである。一方，「販売と生産の調整」は，販売情報や在庫情報によって，販売や生産の実行段階での統合，つまり，需給調整することである。

企業内需給統合をスムーズに行うには，迅速，的確な需給調整が重要なポイントとなる。

この需給調整をうまくやるには，販売や在庫情報をすみやかにキャッチして関係部門にフィードバックすること，販売状況に応じて迅速，的確に増産，減産，販売増，在庫移動などの処置をすることである。

ここでは，この需給調整をどの部門がやったらよいか考えてみる。

13.1　需給調整部門

この需給調整を担当する部門は，わが国では次の5つのケースが考えられる。
① 生販物調整室などスタッフ部門
② ロジスティクス部門
③ 販売部門
④ 生産部門
⑤ 生販物統合会議

以下，それぞれの概要について述べる。

13.1.1 生販物調整室などスタッフ部門

これは，需給調整を，生販物調整室，社長室，経営企画室などスタッフ組織が行うケースである。

例えば，事業本部長のもとに，生販物調整室を設けて需給調整を行うケースである。また，中小企業では，社長室や経営企画室など，スタッフ組織が需給調整を行うケースが多い。これは，生産・販売・ロジスティクス部門などライン部門では需給調整機能を果たせないからである。

つまり，各ライン部門では荷が重すぎるので，社長直属のスタッフ組織である社長室や経営企画室が行うことである。

13.1.2 ロジスティクス部門

これは，需給調整をロジスティクス部門が行うケースである。

例えば，本社のロジスティクス部門が全社的立場から販売計画に基づいて，生産計画，在庫計画を含めて需給統合計画を策定する。一方，地域のロジスティクス部門は，本社の需給統合計画に基づき，その地域の販売・在庫・出荷・生産状況をみながら，支店と工場との間で日々需給調整を行う。当然のこととして，本社のロジスティクス部門も全社的な立場から需給調整を行う（事例13-1）。

事例13-1　メルシャンのロジスティクス部門による需給調整

メルシャンは，2000年度中に収益悪化を改善するため，10億円経費削減する改善目標をかかげた。その中心は，物流費で，10億円のうち合計3億円以上を物流改善で減らす計画だ。その布石として，同社は，3月，物流統括部を廃止し，ロジスティクス統括部を新設した。

井口道郎取締役ロジスティクス統括部長は，「以前は，支社，事業部の販売予測と実需に乖離があり，在庫が増える原因になっていた。物流統括部は，生産計画に全く関与できなかったにもかかわらず，在庫が増えると

責任を問われるという板挟みにあっていた。これを回避するため生産，販売，在庫のコントロール機能をロジスティクス統括部で一元管理する体制に改めた」と説明する。

改組以前，物流統括部の権限範囲は，輸送を中心としたオペレーション管理，在庫拠点（デポ）への在庫補給計画，輸入酒発注計画などが中心だった。これがロジスティクス統括部の発足で，生産数量の決定にも最終権限を持つようになった。そのため，従来は，酒類製造統括部に属していた「製販コントロール担当」の社員をロジスティクス統括部に移籍させて，生産調整機能を取り込んだ。

「ロジスティクス統括部が製造，販売，物流をトータルに管理することで在庫を削減し，年初に経営陣がかかげた3億円の物流費削減を達成する計画だ」と井口取締役。現在の在庫日数は，国産品で約60日，輸入品で約120日に上る。これを製販コントロールにより，それぞれ半分の日数に削減することを当面の目標に据えている。それにより，同社の物流費に占める「保管料」を前期の27億7,900万円から1割以上圧縮する計画だ。

そのために，生産計画の管理を従来の月次ベースから週次ベースに改めた。ロジスティクス統括部は，毎月1回，事業部と工場の担当者を集めて「月次生産調整会議」を行っている。事業部が全国の支社から集約した営業サイドの販売予測と工場サイドの生産能力をすりあわせる。会議での話し合いの上，ロジスティクス統括部が最終的に需給計画を作成。さらに，ロジスティクス統括部と事業部が毎週会議を行い，需給計画をもとに週次ベースの生産・在庫計画を立案している。

（出所）　輸送経済新聞社編『流通設計』2000年6月号。

13.1.3　販売部門

これは，需給調整を，販売部門が行うケースである。
例えば，販売部門が需要予測に基づいて，販売計画を立案するだけでなく，

在庫設定権を持って，生産計画まで策定する。つまり，販売部門が需要予測だけでなく，目標在庫設定に基づいて，生産計画立案および確定生産管理機能まで保有して需給調整を行う。

13.1.4 生産部門

これは，需給調整を生産部門が行うケースである。

例えば，生産部門が需要予測を行い，販売部門が策定する販売計画と調整しながら，生産計画を策定し，販売と生産との一元管理を行う（事例13－2）。

事例13－2　シャープの生産部門による需給調整

シャープの販売会社は，別会社となっており，在庫が二元管理されている。この課題をクリアにするために，生産部門が客観的需要予測を行い，事業部長が販売部門の販売計画と調整し，販売と生産計画を一元管理する仕組みを構築している点が興味深い。

そのための一つとして，シャープでは，まず需要予測担当者のポジションの重要性を認識し，マスタ・スケジューラと命名，販売及び販売促進部門とは一線を画して生産企画部の一機能として業務を行えるようにした。これにより担当者は，需要予測業務に専念することができ，何にもまして組織的立場が起因して精度の維持を困難にするような環境排除につながった。その結果，担当者は，自身の営業経験を生かしたデータ分析にも時間を費やすことが可能になった。また，供給計画も担当範囲とすることで需要予測との一貫性を容易なものとしたのである。

（出所）　ベリングポイント(株)編著『ジャパニーズソリューション』ダイヤモンド社，2002年。

13.1.5 生販物統合会議

これは，需給調整を各部門の担当者が集まって生販物統合会議を行うケースである。例えば，販売計画と実績の差が大幅になると，それに対する対策が生

産，販売，ロジスティクスの担当者で協議され，機動的に需給調整を行う（事例13－3）。

──**事例13－3　花王の需給調整のための生販物統合会議**──

　花王の生販統合システムの基本は，「販売計画システム」「オンラインサプライシステム」「生産数量管理システム」の3つのシステムが最初から最後まで通した形で連携して機能している。

　このシステムの中心は，なんといっても「オンラインサプライシステム」である。その最大の特徴は，花王のコンピュータの判断によって，工場，販社の全在庫情報の一元的把握と自動的に商品を販社に供給する方式である。このシステムは，在庫情報（翌日夕刻時点）をベースにして，適正在庫水準，実在庫，販売予定をもとに，販社への供給量を計算して，翌日工場へ供給指示を出し，その当日に販社へ工場から供給する仕組みになっている。

　この「オンラインサプライシステム」がスムーズに動いているのは，その前提条件である精度の高い販売計画の策定と，日々の販社の在庫の動きが把握できるからである。

　販売計画の精度の向上のために，花王の本社営業部と市場に近い販社の営業とが話し合って，最終的に販売計画を策定していること，また，在庫の把握については，花王と全販社を結ぶオンライン網が作られ，工場の在庫，販社の在庫が常時把握できるようになっていると言われている。

　この販売計画を基本として「オンラインサプライシステム」が稼働する。そして販社への製品の自動供給については，「生産数量管理システム」があり，販売計画と連動して「生産計画」や原材料の「調達計画」を策定するシステムになっているといわれている。

　そしてこの差が30％以上になると，アラーム（警告）が出され，それに対する対策が生産，販売，物流の担当者で協議され，その結果「販売計画システム」「オンラインサプライシステム」「生産数量管理システム」が機

動的に修正される仕組みになっている。

```
┌─────────────────────────────────────────────────┐
│  SOS                消費者                       │
│  Handy Terminal  →  小売店                       │
│       ↓              ↑                           │
│  花王販社 ─ 自動在庫補充 オンライン ─ 花王(株)工場 │
│  (物流拠点)          サプライシステム            │
│                                                  │
│       販売計画      自動在庫補充指示             │
│  販売計画  販売実績                              │
│  販売実績 = 買掛計上 = 実在庫   生産計画         │
│  基準在庫率                     生産実績         │
│                                                  │
│           花王(株)本社     →情報の流れ           │
│                            →物の流れ            │
└─────────────────────────────────────────────────┘
```

（出所）　日本ロジスティクス協会編『日本のロジスティクス』1993年。

13.2　最適な需給調整部門

　今まで，需給調整担当部門のいろいろなケースをみてきたが，これらの中でどれが一番よいかは，一概には言えない。しかしながら，筆者は，ロジスティクス部門が需給調整を行うのに最も適した位置にいるのではないかと考える。その理由は，以下の通りである。

① 　ロジスティクス部門は，調達先から工場，工場から顧客まですべての「モノの動き」を管理していること

② 　ロジスティクスを見ていると，販売と生産のかかわり方を容易に掴めること

第13章　企業内需給統合と需給調整機能

③　ロジスティクス部門は，販売・生産活動の混ざり合った領域に位置していること

④　ロジスティクス部門は，品切れ，在庫過剰，在庫偏在などの実需が反映した情報を握っていること

など，ロジスティクス部門は，需給調整機能を果たしやすい立場にいるとともに，全社的な立場で判断するのに最適な立場にいるからである。

なお，需給調整機能をロジスティクス部門が行うには，それをバックアップするために，経営首脳の一人としてＣＬＯ (Chief Logistics Officer，ロジスティクス最高責任者) を選任することも忘れないことである。

(参考文献)
1．菊池康也著『2時間でロジスティクスがわかる本』同友館，2000年。
2．菊池康也著『収益向上のための物流リエンジニアリング』中央経済社，1995年。
3．菊池康也著『最新ロジスティクス入門（3訂版）』税務経理協会，2003年。
4．ベリングポイント(株)編著『ジャパニーズソリューション』ダイヤモンド社，2002年。
5．日経ＢＰ社編『日経ロジスティクス』1993年7月号，1993年10月号。
6．JILS編『ロジスティクスシステム』1992年9月・10月。
7．JILS編『日本のロジスティクス』1993年。
8．和多田作一郎著『高収益物流戦略』産能大出版部，1991年。

第14章　エクスターナルサプライチェーン統合（企業間サプライチェーン統合）と企業間需給統合化

　前に述べたように，サプライチェーンマネジメントには，主に企業内の「モノの動き」を最適化するインターナルサプライチェーン統合（企業内サプライチェーン統合）と，主に企業間の「モノの動き」を最適化するエクスターナルサプライチェーン統合（企業間サプライチェーン統合）がある。

　わが国の企業のサプライチェーンマネジメントの実態をみると，多くの企業は，未だインターナルサプライチェーン統合の域を出ていないように思われる。今後，積極的にエクスターナルサプライチェーン統合に取り組む必要がある。しかしながら，前に述べたように，エクスターナルサプライチェーン統合に取り組む前に，インターナルサプライチェーン統合に取り組む必要があることは言うまでもない。

　ここでは，エクスターナルサプライチェーン統合とは何か，また，その本質である企業間需給統合化を中心に考えてみる。

14.1　エクスターナルサプライチェーン統合

　インターナルサプライチェーン統合は，主に企業内の「モノの動き」の最適化から，企業内需給統合にその本質がある。これは，企業の販売に対して，いかに最適な生産，調達，ロジスティクスを行うかで，これは，社内的な需要と供給のマッチングを意味している。

　一方，エクスターナルサプライチェーン統合は，主に企業間の「モノの動き」の最適化から，企業間需給統合にその本質がある。

　では，企業間需給統合とは何か。

103

企業間需給統合とは，顧客である流通の販売に対して，いかにメーカーとサプライヤーが協同して，最適な供給を行うかである。
　そのため，例えば，需要予測について，流通とメーカーが協同であたること，製品の出荷，在庫管理について，メーカーと流通が協同であたること，原材料，資材，部品の納入，在庫管理について，メーカーとサプライヤーが協同で行うこと，さらには，生産についても，他のメーカーや３ＰＬ事業者と協同で行うことや製品開発設計についても，流通とメーカーが協同で行うなどして，最適な需要と供給の計画，実行を行うことと考えられる。要は，企業間で協同して，需要と供給をマッチングさせるところにその本質がある。

14.2　企業間需給統合化

　今まで，企業間需給統合とは何かを見てきた。では，企業間需給統合化するにはどうしたらよいか。
　筆者は，企業間需給統合化するには，次の３点が必要不可欠であると考える。
　第１は，企業間の「モノの動き」を同期化すること
　第２は，企業間の「モノの動き」をスピード化すること
　第３は，企業間でパートナーシップ化すること
である。
　以下，それぞれの概要について述べる（図表14－１）。

第14章　エクスターナルサプライチェーン統合(企業間サプライチェーン統合)と企業間需給統合化

図表14-1　企業間需給統合と全般管理活動

同 期 化	ス ピ ー ド 化	パートナーシップ化
1. チャネルの「全体最適」の意思決定 2. チャネル責任の明確化 3. チャネル間の情報の共有化 4. 各チャネルのボトルネックの発見と改善 5. チャネル間のコミュニケーションルールの明確化 6. 各チャネルの需要対応能力の向上	1. 各チャネルの「情報の動き」のリードタイムの短縮 　(1) 計画立案の多頻度化 　(2) 供給計画確定期間の短縮化 　(3) 市場と各チャネルとのダイレクトなコミュニケーションルートの構築 　(4) 意思決定や伝達のスピード化 　(5) 同時並行計画化 　(6) 計画ツールの活用 2. 各チャネルの「モノの動き」のリードタイムの短縮 　(1) サプライヤーから小売店までの「モノの動き」の時間短縮 　(2) 意思決定権限の調整（VMI, CRなど） 　(3) 業務調整（3PL, EMS, 生産・ロジスティクスの先送り） 　(4) 投資の調整と共有 　(5) 同時並行エンジニアリング化 　(6) チャネル間で重複業務の排除や業務の統廃合 　(7) 柔軟性の向上 3. チャネル間の業務をスピード化するため情報システムの構築	1. 協　同 　　協　力 　　協　調 　　協働（CPFR, CTM, 協働商品開発, 協働供給計画など） 2. コミットメント

14.2.1　「モノの動き」の同期化

　これは，サプライチェーンを結びつけて，「モノの動き」を同期化することである。それには，チャネルの「全体最適」の意思決定，チャネルの責任の明確化，チャネル間の情報の共有化，各チャネルのボトルネックの発見と改善，各チャネル間のコミュニケーションルールの明確化，各チャネルの需要対応能力の向上が必要不可欠である。

　以下それぞれについてみていく。

① チャネルの「全体最適」の意思決定

　前に述べたように，各チャネルには，チャネルの論理（目標）がある。例えば，小売は，販売の品切れを恐れて，販売計画について，多めに設定して供給側に提示する販売増大という「小売の論理」がある。これでは，返品が発生したり，商品をさばくため例外的販促費が発生したり，さらに，商品，部品の廃棄コストが定常的に発生するなどサプライチェーン全体からみれば問題でサプライチェーン全体を含めた「全体最適」の販売計画を決定すべきである。

　一方，卸売は，在庫低減を追求するため，納入リードタイムを短くしたり，販売側への押し込み販売をして在庫削減するという「卸売の論理」がある。これでは，市場変動への対応が遅くなって，生産や調達への変動が増幅され，ロスが増大するなどサプライチェーン全体からみれば問題でサプライチェーン全体を含めた「全体最適」の需給調整を行うべきである。

　また，メーカーやサプライヤーは，品質確保，安定供給を理由に生産や調達の期間を長くしたり，計画の変動をできるかぎり少なくするという「メーカーやサプライヤーの論理」がある。これでは，長い生産・調達期間を肩代わりするロジスティクスネットワーク上の高い在庫レベルが必要で，サプライチェーン全体からみれば問題で「全体最適」な生産・調達プロセスが大事である。さらに，ロジスティクス事業者は，ロジスティクスの効率化を優先し，トラックが満載になるまで，出荷をしないという「ロジスティクス事業者の論理」がある。これでは，輸送の不確実さをカバーするための小売部門の高い製品在庫レベルをもたらしてしまう。これでは，サプライチェーン全体からみれば問題で「全体最適」のロジスティクスプロセスが重要である。

　いずれにしても，各チェーンが自社の利益を優先した判断では，サプライチェーンに悪影響を与えることは自明の理である。そこで，まず，この各チェーンの論理を乗り越えて，各チェーンが「全体最適」の意思決定をすることが大切である。

② チャネル責任の明確化

各チェーンの責任分担をはっきりさせる必要がある。例えば，メーカーは予定通り生産できなかったり，卸売はむやみに多く在庫をかかえたり，小売は販売予定の達成が低かったり，ロジスティクス事業者は適切に配送できないなど，いろいろ問題点やあいまいさを明らかにして，メーカーの生産責任，卸売の在庫・小分け責任，小売の販売責任，ロジスティクス事業者の輸配送責任を明確にすることが大切である。

③ チャネル間の情報の共有化

市場動向やチャネル間の販売，生産，調達，ロジスティクスに関する情報の正確な把握はもちろんのこと，市場動向に対して各チャネル間の情報のタイムラグをなくすため，計画・実績情報を共有化する。要するに，最新の情報技術を使って「モノの動き」に関する情報をチャネル間で共有して，サプライチェーン間の「モノの動き」を同期化する。

情報の共有には，次のものがある。

a　オペレーション情報の共有

サプライチェーン間で各種オペレーション情報を共有する，特に，サプライチェーンメンバー間には，情報伝達の遅れや情報不足による需要情報の劣化（ブルウィップ効果）に対応するため，需要や在庫レベルなどの情報を共有する。

b　計画情報の共有

サプライチェーン間で各種計画情報を共有する。サプライチェーン間で販売・生産・調達・ロジスティクス計画の共有は，経営的に多くのメリットを提供する。

c　業績評価情報の共有

サプライチェーン間で業績評価情報を共有する。これにより業績評価統合への第一歩となる。

④ 各チャネルのボトルネックの発見と改善

各チャネルのボトルネックをよく認識して，計画を立ててボトルネックを

能力限界まで活用することである。つまり，各チャネルのボトルネックを改善して，チャネル間の「モノの動き」の需要（必要）と供給（能力）の一致や，さらに，それぞれのプロセスの処理スピードを一致させるとともに，それぞれのプロセスのキャパシティ（処理能力）を一致させるなどして「モノの動き」の同期化を図ることである。

⑤ **チャネル間のコミュニケーションルールの明確化**

市場は日々変化していることや，供給側であるメーカー，サプライヤー，ロジスティクス事業者も，生産減，品質事故，調達の遅れ，輸配送の遅れなど日々予期しない事故が発生しているので，絶えず，メーカー，サプライヤー，流通業者，ロジスティクス事業者などのチャネル間の円滑なコミュニケーションができる仕組み作りをする必要がある。

⑥ **各チャネルの需要対応能力の向上**

各チャネルは，需要情報を迅速に共有するとともに，販売促進や広告宣伝など，マーケティング活動によって創出された需要を計画に組み込むチャネルの枠を越えた需要対応能力を向上させることが大事である。

14.2.2 「モノの動き」のスピード化

これは，サプライチェーン間の「モノの動き」をスピード化することである。それには，「情報の動き」のリードタイムの短縮と「モノの動き」のリードタイムの短縮，さらには，業務をスピード化するための情報システムの構築が大切である。

以下，それぞれについてみていく。

① **各チャネルの「情報の動き」のリードタイムの短縮**

　a　計画立案の多頻度化

各チャネルが計画のプロセスを強化することが大切である。特に，販売計画については，月次から旬次，週次へと計画を短縮化するとともに，その中で計画変更を多頻度に行うことは，市場にスピーディに対応するための重要な要件である。

第14章　エクスターナルサプライチェーン統合（企業間サプライチェーン統合）と企業間需給統合化

b　供給計画確定期間の短縮化

　サプライヤーとメーカーやメーカーと小売との間の原材料や製品の供給確定期間が長いほど，市場変化への対応が難しいことと在庫危険負担が発生する。例えば，サプライヤーとメーカー間で調達量の確定発注が遅いと，サプライヤーは，受注生産に近い生産方式で，在庫リスクがサプライヤーへと一方的になってしまうので，これを早期発注して，見込生産に近づければ，在庫リスクをサプライヤーとメーカーで共有することが可能になる。

c　市場と各チャネルとのダイレクトなコミュニケーションルートの構築

　市場動向や販売状況，さらには，生産，調達，ロジスティクスの状況をリアルタイムで把握し，それらについて，各チャネル間をダイレクトで結ぶコミュニケーションルートを構築する。とくに，実需情報を劣化させずに上流へ伝達することが肝要である。

d　意思決定や伝達のスピード化

　小売店やメーカーの異常や例外事項に対する伝達の速度，意思決定の速度，レスポンスの速度などを早めることが大事である。特に，チャネルが意思決定のスピードアップを図ることが重要なポイントである。

e　同時並行計画化（Concurrent Planning）

　販売計画と実績とのギャップを把握して，スピーディに各チャネルの販売計画，生産計画，調達計画，仕入計画，ロジスティクス計画などすべての計画を，可能な限り同時に短期間で計画変更して，計画への最適な対応を図る。

f　計画ツールの活用

　各種計画ツール，例えば，ＥＲＰ（Enterprise Resource Planning，基幹業務統合情報システム＝企業の基幹的な情報処理システムを統合したパッケージソフト）やＡＰＳ（Advanced Planning System，先端プランニングシステム＝計画に対して，迅速，的確に業務を調整するサプライチェーンマネジメントパッケージソフト）や意思決定支援ソフト，チャネル統合ソフトなどを導入して，計画プロセスを強化して情報の流れを短縮する。

② 各チャネルの「モノの動き」のリードタイムの短縮
  a サプライヤーから小売店までの「モノの動き」の時間短縮
   サプライヤーから小売店までの「モノの動き」の無駄な時間を排除して総経過時間（トータルリードタイム，リードタイム）をいかに短縮するかである。例えば，ベンダーから小売，サプライヤーからメーカー，メーカーから小売までのリードタイムなどを短縮することが重要なポイントである。
  b 意思決定権限の調整
   意思決定権限について，最善，最適に位置しているサプライチェーンメンバーに移管することによって業務プロセスを短縮する。例えば，ＶＭＩ（Vendor Managed Inventory，ベンダー在庫管理）は，ベンダーによる在庫管理によって，小売での無在庫化やロジスティクス業務から開放して，チャネル間の効率化を実現する。つまり，ベンダーによるプッシュ販売を止めて売れた分だけ補充するというものである。また，ＣＲ（Continuous Replenishment Program，継続的商品補充）は，消費者が購入した分だけ補充するプル方式の連続補充方式で，一般的には，小売店のＰＯＳデータの動きに合わせて，必要在庫量や補充する量をコンピュータで計算し，メーカーから小売までの商品の流れをスムーズにするものである。
  c 業務の調整
   業務について，最善，最適な位置にいるサプライチェーンメンバーに移管して業務プロセスを短縮する。例えば，３ＰＬ（Third Party Logistics，ロジスティクスの戦略的アウトソーシング）は，荷主がロジスティクス業務やその周辺業務をロジスティクス事業者に一括委託して，顧客サービスの向上やコスト削減を目指す。一方，EMS（Electronics Manufacturing Service，製造工程の戦略的アウトソーシング）は，メーカーが製品の製造工程を別会社に委託して，製造プロセスを効率化して，高品質，低価格の製品を製造することが目的である。
   また，生産やロジスティクスの先送りは，販売予測や計画という不完全

第14章　エクスターナルサプライチェーン統合（企業間サプライチェーン統合）と企業間需給統合化

な情報に基づいた生産やロジスティクス活動を避けるため，生産・ロジスティクス活動をマーケティングフローのできるかぎり遅い時点で発生させる。

例えば，コンピュータ業界では，最終製品の組立をロジスティクス事業者や流通業者がメーカーから注文を受けてから行うなど，生産とロジスティクス活動を実需発生点に近いところで行うことである。注文を受けてから行うことによって，市場のリスクの削減や在庫コストを削減するものである。

d　投資の調整と共有

在庫投資や設備投資について，最善，最適の位置にいるサプライチェーンメンバーに移管して，業務プロセスを短縮する。例えば，在庫配置について，最善，最適の位置にいるサプライチェーンメンバーに移管するとともに，必要があれば在庫を共有する。また，製造やロジスティクスに関する設備について，最善，最適の位置にいるサプライチェーンメンバーに移管する。必要があれば，設備をサプライチェーン間で共有する。

f　同時並行エンジニアリング化（Concurrent Engineering）

製品開発設計と生産プロセス（Design for Manufacturing）だけでなく，サプライチェーンプロセスのデザイン（Design for Supply Chain，部品を作るか仕入れるか，ロジスティクスサービスを自分でまかなうかあるいは買うか，さらに製品を流通や消費者までどう供給するか）を可能な限り同時に並行して推進しスピード化を図ることが重要である。

g　チャネル間で重複業務の排除や業務の統廃合

チャネルには，それぞれ独自の活動領域が存在するとともに，各チャネル間にはインターフェース活動が存在する。このインターフェース活動というのは，1つのチャネルでは効率的，効果的にマネジメントすることができない活動領域である。チャネル内の業務だけでなく，サプライチェーン間のインターフェース活動領域についても，この業務は本当に必要か，サプライチェーン間で重複していないか，サプライチェーン間で連携の悪

い業務はないかなど業務を徹底的に見直して，業務プロセスを短縮する。
　h　柔軟性の向上
　　サプライヤー，メーカー，流通，ロジスティクス事業者などサプライチェーンメンバーが，日々変化する市場や販売，さらには，顧客の変化に対して，スピーディかつフレキシブルな変化対応型の体制の確立が必要不可欠である。

③　チャネル間で業務をスピード化するための情報システムの構築
　a　ＥＤＩ（Electronic Data Interchange，電子データ交換）の活用
　　これは，業種や業界の壁を越えた企業間の電子交換システムで，受発注，代金の決済，見積書，予測情報のスピード化や効率化を図る。最近は，ＶＡＮ－ＥＤＩからＷｅｂ－ＥＤＩに変化している。
　b　他に，スピード化するための情報技術の活用，例えば，サプライチェーンの業務統合を可能にするオープンシステム（Open System，異なったベンダーのハードやソフトのコンピュータによるリンクを可能にするシステム），オフィスの業務効率化のためのグループウェア（Groupware，共通の目的を持ったグループを支援し，共同作業が行える環境を作るよう，インターフェースを提供するコンピュータベースのシステム），情報共有によって同時並行処理するためのクライアントサーバーシステム（Client Server System，サーバーにデータを蓄積して，クライアントの要望に従って必要なデータやプログラムを提供する），イントラネット（企業内ネットワーク），エクストラネット（提携先や協力関係にある企業間ネットワーク），需要予測のためのＫＢＳ（Knowledge-Based System，知識をベースにしたシステム）などの活用を選択する。

14.2.3　企業間でパートナーシップ化

　今まで，「モノの動き」のスピード化，同期化についてみてきたが，ここではそれを行うための企業間パートナーシップ化についてみていく。
　企業間でパートナーシップを行うには，協同とコミットメントが必要不可欠

第14章　エクスターナルサプライチェーン統合(企業間サプライチェーン統合)と企業間需給統合化

である。

以下，それぞれについて，概要をみていく。

① 協　　同

協同には，協力(Cooperation)，協調(Coordination)，協働(Collaboration)がある。

a 協　　力

オペレーションを協同で行うことである。

b 協　　調

統制（業績評価）を協同で行うことである。

例えば，

・ 統一業績評価基準設定

サプライチェーン間で統一された業績評価基準を設定して，それに基づいて評価する。

・ リスクと報酬の共有

サプライチェーン間でコストと利益が共有されるメカニズムを確立する。それには，業績評価は，インセンティブと一体化される必要がある。

c 協　　働

これは，協同の最も進んだ型で，計画を協同で行うことである。

例えば，

・ CPFR (Collaborative Planning, Forecasting and Replenishment, 協働計画・需要予測・補充)

流通業者とメーカーがインターネット等を活用して，協働の計画と需要予測に基づいて，商品補充を成功させるための取引パートナー間のビジネスプロセスを確立する。

・ ＣＴＭ (Collaborative Transportation Management, 協働輸送管理)

荷主と受荷主やロジスティクス事業者3者で協働して，需要予測，オペレーション計画を共有して輸配送を行う。

・ 協働商品開発

同一のサプライチェーンの企業が協働で商品開発を行うことで，販売機会の損失を最少にするとともに，商品を統廃合する。
・協働供給計画
メーカーとサプライヤーが協働して，メーカーの部品の発注を多段階方式とし，それぞれの発注段階に応じた取引責任について，サプライヤーとメーカーが明確にすることで，不良在庫発生リスクを最小化する。
・その他に協働品揃えや協働販売促進などがある。
② コミットメント
長期的な関係を確立する。

以上，企業間需給統合化についてみてきたが，次章から，これらの中で主な企業間需給統合化のための戦略やマネジメント活動について述べる。

(参考文献)
1．菊池康也著『最新ロジスティクス入門（3訂版）』税務経理協会，2003年。
2．菊池康也著『ロジスティクス概論』税務経理協会，2000年。
3．菊池康也著『収益向上のための物流リエンジニアリング』中央経済社,1995年。
4．菊池康也著『SCMの理論と戦略』税務経理協会，2006年。
5．藤野直明著『サプライチェーン経営入門』日本経済新聞社，1999年。
6．ベリングポイント(株)編著『ジャパニーズソリューション』ダイヤモンド社，2002年。
7．入江仁之稿「制約マネジメントの実際」輸送経済新聞社編『流通設計』1998年4月号。
8．W.C.コパチーノ稿「需要計画と生産計画をリンクさせろ」輸送経済新聞社編『流通設計』1998年4月号。
9．入江仁之稿「SCMシステムの機能」輸送経済新聞社編『流通設計』1998年2月号。
10．J.ガトーナ編（前田・田村訳）『サプライチェーン戦略』東洋経済新報社，1999年。
11．G.ティンダール他著（入江監訳）『市場をリードする競争優位性戦略』ダイヤモンド社，1999年。
12．C.H.ファイン著（小幡訳）『サプライチェーン・デザイン』日経BP社，1999年。
13．H. Lee, "*Creating Value Through Supply Chain Integration,*" Supply Chain Management Review, September/October, 2000.

第14章　エクスターナルサプライチェーン統合（企業間サプライチェーン統合）と企業間需給統合化

14. R. E. Spekman, J. W. Kamauff Jr. & N. Myhr, " *An Empirical Investigation into Supply Chain Management: A Perspective on Partnership,* " International Journal of Physical Distribution & Logistics Management, Vol. 28, No. 8, 1998.
15. W. C. Copacino, "*The IT ? Enable Supply Chain : Key to Future Success,*" Logistics Management, 1998, 4.
16. J. J. Coyle, E. J. Bardi & C. J. Langley Jr., The Management of Business Logistics (6 th Edition), WEST, 1996.
17. D. M. Lambert, J. R. Stock & L. M. Ellran, Fundamentals of Logistics Management, MaGraw-Hill, 1998.
18. J. L. Gattorna, Strategic Supply Chain Alighment, Gower, 1998.
19. W. C. Copacino, Supply Chain Management, The St. Lucie Press, 1997.
20. J. T. Mentzer, et al., "*Defining Supply Chain Management,*" Journal of Business Logistics, Vol. 22, No. 2, 2001.

第15章　企業間需給統合とスピード戦略

　企業間需給統合は、企業間で需要に対していかに最適な供給を行うかである。
　この企業間需給統合をスムーズに行うには、生産、ロジスティクスなどのプロセスを時間短縮化、リーン化（Lean, スリム化, ムダ排除）や即応化（Response）することが重要なポイントとなる。
　そのための戦略は、スピード戦略で、それにはリーン化を重視するＪＩＴ（Just in Time, ジャストインタイム）と即応化を重視するＱＲ（Quick Response, クイックレスポンス），ＥＣＲ（Efficient Consumer Response, 効率的消費者対応）などがある。
　以下、その概要を述べる。

15.1　スピード戦略

　製品の多様化、顧客サービスレベルの高度化に対応するには、効率的、効果的に製品を供給することが企業にとって死活問題になっている。
　この競争に勝ち抜くには業務プロセスを時間短縮化し、リーン化し、即応化するスピード戦略が重要な戦略となる。
　スピード戦略について、サービスとコストは、トレード・オフの関係にあるところから、時間短縮化することによって顧客サービスの改善とコストの削減が同時に実現できる。
　時間を短縮するには、企業間の「モノの動き」のリードタイムを短縮することである。時間を短縮するには、さらに、計画の多頻度化、同時並行計画化、早い情報の提供（ＰＯＳ，ＥＤＩ，ＥＲＰ，ＡＰＳなど）や迅速な意思決定（権限委譲、承認階層のフラット化など）がある。

117

スピード戦略には，この時間短縮化に加えて，リードタイムを徹底的に管理し，在庫，リードタイム，補充，品質などのムダを排除するリーン戦略がある。これによって，ゼロ在庫，短いリードタイム，少量多頻度補充，高い品質やゼロディヘクト（無欠点）などが達成される。

一方，時間短縮化，ムダ排除に加えて即応性（顧客の必要要件を前もって予測して準備するよりはむしろ変化へ素早く対応する能力）を重視するレスポンス戦略（Response Strategy）がある。

これによって，顧客サービスの向上，在庫削減，需給バランスの向上などがはかれる。

15.2 主な戦略

以下，主なスピード戦略についてみていく。

15.2.1 JIT

JITは，トヨタ自動車の生産方式に由来する。

これは，リードタイムを徹底的に管理して，在庫，リードタイム，補充，品質などのムダを排除する戦略である。

これは，必要な部品や資材を必要な場所に必要なときに必要なだけ供給するシステムである。それには発注指示票としてカンバンを利用する。すなわち，サプライヤーや上流工程との間で必要とされる部品や資材の納入の数量，時間を指定するため，カンバン（プラスチック製から電子式へ）を利用して発注指示を行うものである。そのため，JITは，カンバン方式とも言われる。

JITの推進手段であるマネジメント活動には，短納期生産，段取り時間の最小化，ロットサイズの縮小化，待ち時間の最小化，リードタイムの短縮化，品質改善，高品質の納入ロジスティクス，サプライヤーの集約と近接化，サプライヤーとのパートナーシップ化などがある。

第15章　企業間需給統合とスピード戦略

15.2.2　Q R

　QRについて，アメリカのアパレル業界で，1980年代に，海外からの安価な製品に押されて，国内の生産比率が急激に下がったため，業界の競争力を回復するための戦略として1986年に始まった。

　これは，生産から消費者までの時間をいかに短縮するかで，サプライチェーンメンバーが協力して顧客の要望に対応し，正しい製品を正しい場所に正しい時間で，さらに適正な価格で提供するものである。

　QRは，いわば流通においてJITをさらに発展させたものといえる。

　これによって，顧客や消費者の満足の最大化とリードタイム，コスト，在庫の最小化が図れる。要するに，消費者ニーズに対応するため，メーカーから小売までの製品供給のリードタイムを短縮しつつ，在庫投資を減ずることによって，サプライチェーンの効率を最大化するものである。

　QRの推進手段である主なマネジメント活動は，以下の通りである。

① 　V　M　I（Vender Managed Inventory，ベンダー在庫管理）

　従来は，小売店が売れ筋，需要，在庫などの情報や経済性などを加味して，メーカーへの発注量を決めていたが，VMIでは，小売店でのPOS情報を絶えずEDIでメーカーに提供し，メーカーはその情報に基づいて，消費者の購入に合わせて，必要量を小売店へ在庫補充を行う。

　つまり，小売店は，オーダーしない。オーダーしない代わりに，ベンダーとの各種情報の共有や小売店がキープしておきたい在庫の上限と下限が示される。そして，ベンダーが在庫管理の責任を持つ。

　これは，ベンダーによるプッシュ販売を止めて売れ行きに合わせて，必要量を補充するもので，プル販売方式といえる。この実現には，EDIや精度の高い需要予測システムが必要不可欠になる。

　これによって，小売店は，無在庫化や発注作業や検品作業などの業務から開放されて，チャネル間の効率化が実現される。

　一方，メーカーにとってブルウィップ効果を抑制して，需要予測，販売・

生産・ロジスティクス計画が行えるというメリットがある（事例15－1）。

───**事例15－1　平和堂のメーカーによる自動補充**───

　ヨーカ堂と同様に，単品管理を重視する平和堂は，現在，バックヤード在庫と自社で運営している物流センターの中間在庫の削減に乗り出している。

　平和堂に限らず，最近のほとんどの小売は，バックヤード在庫の削減に熱心だ。店舗の裏に商品が置いてあっても，売上に貢献しないからだ。在庫管理の手間もかかる。ましてやバックヤードが広いと，店舗に占める売り場面積の比率も下がり，店舗を運営していく上で無駄が多い。「バックヤード在庫が減るだけで，店舗作業は，ずっと楽になる」と，平和堂物流事業部の島田恭一部長は話す。

　滋賀県でドミナント（集中出店）戦略を推し進める平和堂は，店舗の近くにある物流センターに昼12時までに発注が来れば，夕方には店舗に商品を届け，そのまま店頭に並べられる体制を築こうとしている。滋賀県内の44店舗で実施中だ。これでバックヤード在庫を極力ゼロに抑える。

　問題は，物流センターにある中間在庫の削減だ。平和堂は，中間在庫を削減するため，自動補充を採用した。自動補充は，メーカーにＰＯＳデータや在庫データを渡し，メーカーの判断で物流センターに在庫を補充してもらうもの。米ウォルマートとＰ＆Ｇが開発した手法がもとになっており，Ｐ＆Ｇが在庫管理してウォルマートの在庫数を削減した。

　1997年４月に日本で最初に自動補充を始めた平和堂は，今までは加工食品の平均在庫日数を従来の８日から約6.5日に削減するなど効果を上げている。

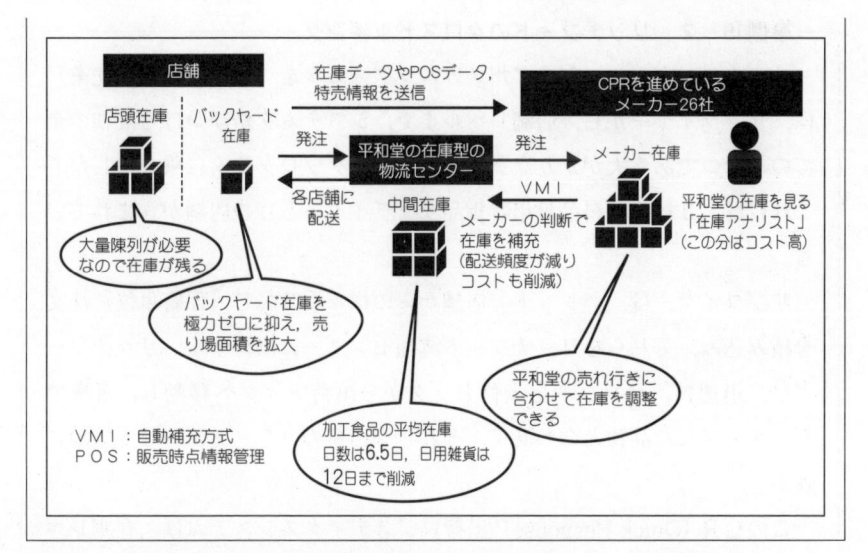

第15章　企業間需給統合とスピード戦略

（出所）　日経ＢＰ社編『日経情報ストラテジー』2003年8月（一部修正）。

② **クロスドッキング**（Cross-Docking，無在庫物流）

　クロスドッキングは荷受けドックで製品を受け取り，保管されることなく，直接出荷ドックに運ばれ，トラックに積み換えられて店舗に配送される。

　これは，荷受けドックと出荷ドックをクロスさせる方法で，製品を計画的に仕入れ，ジャストインタイムで配送センターに入荷させ即顧客や店舗に配送する方式で，在庫を極力持たないようにすることである。

　これを実現するには，パレットロードやバーコード，ＡＳＮ（事前出荷明細または入荷予定表），データ転送などの最新の情報技術が必要である。これによって，省在庫，省作業，省スペース，省力化の効果がある。要は，在庫負担というものを，小売店も卸売も極限まで落としていく。その仕組みの中でトータル物流コストを下げていく（事例15-2）。

事例15-2　リッチフードのクロスドッキング

　リッチフード（バージニア州メカニックスビルをベースにした卸売業）は，サプライヤーから，店舗レベルまで，システムを結びつける最初の企てのひとつである大がかりなクロスドッキングプログラムに乗り出した。これには，3社の食料品日用雑貨品サプライヤーと12の店舗が含まれている。

　サプライヤーは，パレットで店舗からの様々なSKU（保管単位）注文を積み込み，それらをリッチフード流通センターに出荷する。リッチフードは，迅速に，パレットを入荷ドックから出荷ドックへ移動し，倉庫でピッキングした品物と合わせて，それらを出荷のトラックにのせて店舗に運ぶ。

　このQR（Quick Response）出荷ロジスティクスシステムは，在庫レベルとコストを削減し，そして品切れを起こさないことによって，高い顧客サービスレベルを提供する。

　まさに，製品よりはむしろ多くのアイテムをパレットに載せることによって，サプライヤーは，新しいレベルでクロスドッキングを行っているとオブザーバーは述べている。

　クロスドッキングは，倉庫内を24時間あるいはそれ以内で商品を動かすコンセプトに基づいており，さらに，出荷のサイクルタイムを短縮している。

　これは，リッチフードのサプライヤーの最初のクロスドッキングの経験である。しかしながら，多くの他の卸売と同じようにリッチフードは，他の卸売の場合は，リッチフードに健康と美容アイテムや一般的な商品を提供するマッケソンやフレミングとクロスドッキングを行っている。これらの品物の注文は，リッチフードの流通センターに入り，そしてすぐに他の製品と一緒に小売に出荷される。

　リッチフードが新しいシステムについて，直面している主な課題の一つ

は，小売業にこの流通の新しい方法について，不安を払拭させることである。

　一般的に，小売は，商品を必要とするとき，小売は，それがリッチフードの倉庫にあることを信じている。クロスドッキングに関して，ロジスティクスが適切に流れるかどうかについて，小売側には大きな不安がある。
　リッチフードは，システムからコストを節約するために，クロスドッキングプログラムを活用するよう奨励している。クロスドッキングに関して，会社，流通センターでの大量の労働力を節約できることは間違いない。会社は，クロスドッキングされる商品を流通センターに保管しないで，それらの中から商品をピックアップする。クロスドッキングによる配送は，スキャンデータに基づいて，個々の店舗のコンピュータによってなされる1週間のケース使用料の予測によって決定される。
　商品が時間通り小売店に届くことを確認するために，リッチフードは，この試みに参加している3社のサプライヤーとEDIでリンクしている。サプライヤーは，クロスドッキングによって配送される商品をリッチフードに伝えるため「事前出荷通知」を送る。次に，卸売は，特定の日にあるアイテムからなる1パレットを受け取ることを小売に通知する。
　EDIを通して「事前出荷通知」を受け取ることは，リッチフードを業界において，EDIの最も進んだ活用者としている。大抵の食料品日用雑貨店のオペレーターは，発注や請求書のためにEDIを活用している。いくぶんかは，それを販促告知のために使っているところもある。
　流通プロセスをスピードアップすることによって，クロスドッキングは，メーカーと流通業者に新たなプレッシャーを与えている。クロスドッキングに参加しているメーカーは，必要があれば，UPSのような配送料の高い会社の活用も辞さないで，破損したり出荷されなかった製品の取り替えのため，厳格な時間枠にコミットする必要がある。一方，流通業者の側では，より良く訓練された従業員が必要となる。

クロスドッキングを現実化するには，多くの重大な変化を必要とする。すべての新慣行と同様に，クロスドッキングは，流通業者にクロスドッキングに参加しているベンダーからの出荷とそれに参加していないベンダーからの出荷をうまく調整することを余儀なくされる。

より重要なことは，倉庫をクロスドッキングに対応するために，出荷ドックでより多くのドアを備えるよう改造しなければならないことだ。追加ドアでトレーラーは，一般の荷物のために使う必要のあるトラックと関係なく，クロスドッキングのための入荷に対して長時間待つことが可能になる。入荷と出荷間のマジック的な交差は，滅多に起こるものではないが，節約はこのような動きを正当化する。多くの成長している会社の出荷システムは，商品の流れを改善するためクロスドッキング設備を展開している。

Source：Michael Garry, "*Cross-Docking : The Road to ECR,*" Progressive Grocer, August, 1993, pp. 107−111.

（出所）　J. J. Coyle, E. J. Bardi & C. J. Langley Jr., The Management of Business Logistics (6 th Edition), WEST, 1996.

他に，ＱＲのマネジメント活動として，ＰＯＳデータの共有，ＥＤＩとバーコードの統合，リードタイムの短縮，小ロット短納期生産，高品質の納入ロジスティクス，ＴＱＭ，メーカーと小売のパートナーシップ関係などがある。

15.2.3　Ｅ　Ｃ　Ｒ

一方，ＥＣＲは，ＱＲに数年遅れて，アメリカの食料品日用雑貨業界で，ディスカウントストアなど低価格を武器にした新しい業態の小売業の台頭に対して，生き残りをかけた戦略として始まった。

これは，メーカー，卸，小売が密接に協力して，生産から小売店頭まで，製品と情報の流れを効率化するものである。

このＥＣＲは，ＱＲより広い狙いを持っていた。効率的品揃え，効率的在庫補充，効率的販売促進，効率的商品導入である（図表15−1）。

第15章　企業間需給統合とスピード戦略

図表15−1　ＥＣＲ戦略

戦　　略	目　　的
効率的品揃え	在庫の生産性，店舗でのフェーシングの最適化
効率的在庫補充	在庫補充システムの最適化（時間とコスト）
効率的販売促進	対流通，対消費者のプロモーションシステム全体の効率最大化
効率的商品導入	新製品開発・導入効果の最大化

（出所）　カート・サーモン・アソシエイツ・インク著（村越監訳）「ＥＣＲ流通再編のエンジニアリング」（株）ＮＥＣ総研，アメリカン・ソフトウエア・ジャパン（株），1994年。

　このＥＣＲによって，消費者の満足度を最大化し，コストの最小化を図る。
　なお，ＥＣＲについて，当初多くの業界で実施されたが，現在，アメリカではパッとしない。その理由として，ＥＣＲは，期待したほど在庫削減の効果が認められないこと，ＥＣＲを実施するには，プロセスが複雑で困難なこと，さらには，これらを実施するとなるとかなり長期的なアプローチが必要なためなどといわれている。
　ＥＣＲの推進手段である主なマネジメント活動は，以下の通りである。
① 　Ｃ　　　　Ｒ（Continuous Replenishment Program, 継続的商品補充）
　　ＣＲは，従来小売店が各種情報や経済性に基づいた発注から，需要予測を加味した実際の需要に基づいた商品補充へと補充プロセスを変革する。
　　一般的には，小売店のＰＯＳデータの動きに合わせて，必要在庫量や補充する量をコンピュータで計算し，メーカーから小売店までの商品の流れをスムーズにするものである。
　　これは，消費者の購入に合わせて，必要量を補充するプル方式の連続補充方式である。
　　ＶＭＩとＣＲの違いは，オーダーについて，ＶＭＩでは，小売店は，オーダーしないが，ＣＲでは，小売店がオーダーを行う。目標とする在庫レベルの決定と在庫を補充する決定をＶＭＩでは，ベンダーが責任を持って行い，

実際に管理する。一方，CRでは，小売店が実際に在庫を管理する。これを実現するには，ベンダーと小売店の効果的なコミュニケーション手段やASN（Advanced Shipping Notices，事前出荷通知），さらに，販売量が輸送の経済性を維持するのに十分な量が必要である。

これによって，小売店の在庫を削減し，顧客サービスの向上が実現される（事例15-3）。

事例15-3　P＆GのCR

ECRを初めて第一歩を踏み出す企業は，慣習的に補充から始める。CRプログラムは，最も広範に実行されてきた。P＆Gは，CRに最初に取り組んだ企業の一つである。

P＆Gのケースボリュームの40％は，CRによって取り扱われている。業務の複雑さのため，P＆Gは，IBMをそのソリューションプロバイダーとして契約した。IBMは，CRサービスプログラム（すべての必要なEDI，継続的商品補充ソフトウエア，訓練，ヘルプデスクや自動補充注文のデータの完全処理などを含むトータルサービスの提供）を活用する。

P＆Gは，CRの外注化が非常に効果的で，よりコスト効率的とわかった。ラルフドレイヤー氏（P＆GワールドワイドECR副社長）によれば，IBMの継続的商品補充サービスは，CRに新たに取り組む多くの企業に，月間でCRのボリュームを0から30％に達したと述べている。

P＆Gは，最も大きな食料品日用雑貨店と量販店に対して在庫を管理している。P＆Gの顧客サービス担当者は，毎日の基本的な商品補充を，商品の動きや在庫と短期予測をベースにして，小売の物流センターでの商品の動きを監視するためにCRを活用する。毎日の補充プロセスは，設定された範囲内であれば人的介入の必要はなくソフトウエアによって処理される。

これら顧客サービス担当者は，販促のための補充より，正確に予測するために，小売店と密接な協力関係を維持する。P＆Gの担当者と小売のカ

テゴリーマネジャーは，どの程度販促品をオーダーすべきかを意思決定する。これは，ＩＢＭのＣＲデータベースに手作業でフィードバックされる。それから，プログラムは，小売の全必要補充量を予測する。

小売のＣＲのメリットは，次のとおりである。
① 在庫回転率が107％増加した。
② 在庫レベルが12.5日減少，これは，キャッシュ・フローに換算すると12.5日の改善となる。
③ 店のサービスレベルが20％増加した。
④ 多くのＣＲを行っているドラッグチェーンの店舗のサービスレベルが平均で99％あるいは99.5％になった。
⑤ ＣＲを通して管理されるＰ＆Ｇ製品のトータル小売販売は，20％アップした。
⑥ 在庫とハンドリングコストの減少による小売のコスト削減は，1ケース当たり20セントであった。

Ｐ＆Ｇのメリットは，以下の通りである。
① 完全な注文出荷（完全な時間通りの届け，正しい請求書とダメージのない配送）は５％アップした。
② ＣＲを行っている小売の破損率が19％減少した。
③ 返品が36％減少した。
④ 工場の変動の平準化（出荷のために作り出される大変動：ＣＲは，需要のピークと谷を平準化した）は，工場レベルで１ケース10セントであった。
⑤ 配送費用は，輸送中のスペースをより生産的に活用することによって，ケース当たり20％削減した。

ＣＲプログラムは，ドラッグチェーンや食料品日用雑貨店にとって実行可能である。"うまくいくように見えないが，ＣＲプログラムは，食料品チェーンと同様，ドラッグチェーンにも利点がある。食料品チェーンは，

より量の多いもの，容積率の高い製品を扱うが，ドラッグチェーンは，より高価なものを扱う。ＣＲは，理論的には，高価格と扱うＳＫＵ（保管単位）の数の組み合わせで，ドラッグチェーンに適している。健康や美容支援の製品のケースは，紙製品のケースの３倍の価値がある"とドレイヤー氏は述べている。

>Source：Liz Parks, *CRP Investment Pay Off in Many Ways,* Drug Store News, February 1, 1999, p.26.

（出所） D.J.Bowersox, D.J.Closs&M.B.Cooper, Supply Chain Logistics Management, McGraw-Hill, 2002.

② Ｃ Ａ Ｏ（Computer Assisted Ordering, コンピュータ支援発注）

これは，小売店が主体性を持って補充発注するものである。

一般的には，小売店段階のコンピュータシステムで，棚の在庫が前もって決められたレベルまで下がると，コンピュータが自動的に発注オーダーを出すシステムである。

これは，ＰＯＳデータに基づいた完全自動発注方式である。これによって，受発注の合理化やペーパーレスの効果がある。

他にＥＣＲの主なマネジメント活動としてＤＳＤ（Direct Store Delivery, 直送），統合ＥＤＩ，ＡＢＣ，カテゴリーマネジメント，フレキシブル生産などのマネジメント活動がある。

（参考文献）
1．村越稔弘著『ＥＣＲサプライチェーン革命』税務経理協会，1995年。
2．関口・三上・寺嶋共著『在庫起点経営』日刊工業新聞社，2005年。
3．藤野直明著『サプライチェーン経営入門』日本経済新聞社，1999年。
4．カート・サイモン・アソシエイツ・インク著（村越監訳）『ＥＣＲ流通再編のリエンジニアリング』ＮＥＣ総研，アメリカン・ソフトウエア・ジャパン，1994年。
5．M.クリストファー著（e-Logistics研究会訳）『ロジスティクス・マネジメント戦略』ピアソン・エデュケーション，2000年。
6．J.J.Coyle, E.J.Bardi&C.J.Langley Jr., The Management of Business Logistics

第15章　企業間需給統合とスピード戦略

(6 th Edition), WEST, 1996.
7. D. J. Bowersox & D. J. Closs, Logistical Management, McGraw-Hill, 1996.
8. D. J. Bowersox, D. J. Closs & M. B. Cooper, Supply Chain Logistics Management, McGraw-Hill, 2002.
9. D. M. Lambert, J. R. Stock & L. M. Ellram, Fundamentals of Logistics Management, McGraw-Hill, 1998.
10. M. Christopher, Marketing Logistics, B H, 1997.

第16章　企業間需給統合とマスカスタマイゼーション戦略

　企業間需給統合は，企業間で需要に対していかに最適な供給を行うかである。
　この企業間需給統合をスムーズに行うには，企業間で生産・ロジスティクスプロセスをアジル化（Agile，俊敏な＝スピード化に加えて柔軟化）して，マスカスタマイゼーション（Mass Customization，大量個客化）をはかることが重要なポイントとなる。
　そのための戦略は，マスカスタマイゼーション戦略（Mass Customization Strategy）で，それには延期（Postponement）がある。
　以下，その概要について述べる。

16.1　マスカスタマイゼーション戦略

　顧客要求のたえざる変化や製品のコモディティ化（汎用品化）でブランドが退化することによって製品の差別化が困難になっていることから，サービスとコストの競争が激化している。
　特に，顧客に対してカスタマイズ（個客化）された製品をより迅速に効率的，効果的に供給することが企業において競争優位を確保するための重要な要素となっている。つまり企業は，スピード化，柔軟化して，マスカスタマイゼーション化をはかって競争優位性を確保するマスカスタマイゼーション戦略は重要な戦略の一つとなっている。
　これによって，デッドストックやムダな輸送を削減し，さらに顧客に対してカスタマイズされた製品をより迅速に効果的に供給することによって機会損失を最小にすることが可能になる。

16.2 延　　期

　延期戦略をみる前に，延期とは何かについてみておく。延期は，販売予測や計画という不完全な情報に基づいて生産やロジスティクス活動を行うこと（投機）を避けるために，生産とロジスティクス活動をマーケティングフローのできるかぎり遅い時点で発生させることで，これは，生産やロジスティクス活動を実需発生点に近いところで行うことである。

　これは，見込生産から受注生産に，在庫分散から在庫集約することによって，在庫コストなどロジスティクスコストの削減やカスタマイズによるサービス向上で，市場の機会損失を最小化するためである。

　この延期がかかわっている領域は，生産とロジスティクスの領域である。

　生産活動についてみると，型を作る，つまり製品をどの段階で作るかである。これを具体的に見ると図表16-1のようにいろいろな段階で製品を作ることができる。この図表から受注生産（Make to Order）が最も延期された状態で，この場合は，まとめて生産しないので大口生産が不可能であること，生産のリードタイムが短いという特徴がある。一方，見込生産（Make to Stock）は，最も延期から遠ざかった状態で，この場合は，まとめて生産が可能であること，生産のリードタイムが長いという特徴がある。

第16章　企業間需給統合とマスカスタマイゼーション戦略

図表16－1　生産活動における延期と投機の原理

1．企業内サプライチェーンにおける延期と投機の原理

区　　分	調　達	部品加工	部品組立	最終組立
受注生産（Make to Order）				
受注加工・組立生産（Assemble to Order）				
受注組立・生産（Build to Order）				
見込生産（Make to Stock）				

（実需発生点）

2．企業間サプライチェーンにおける延期と投機の原理

区　　分	メーカー 工　場	メーカー 集約在庫拠点	卸　売　店 分散在庫拠点	小売店
受　注　生　産				
受注組立・生産			実需発生点	
見　込　生　産				

　次に，ロジスティクス活動についてみると，在庫をどこに置くかである。つまり，在庫を顧客の近くに置くか，遠くに置くかという在庫位置の問題である（図表16－2）。在庫を顧客から遠くに置くということは，在庫を集約していることを意味しており，在庫を顧客の近くに置くことは，在庫を分散していることである。在庫を顧客から遠くに置くこと，すなわち，在庫を集約していることは，ロジスティクス活動の最も延期された状態といえる。一方，在庫を顧客の近くに置くこと，つまり，在庫を分散している状態は，最も延期から離れた状態である。この場合は，在庫拠点まで大口ロット配送は不可能という特徴

133

図表16-2　ロジスティクス活動における延期と投機の原理

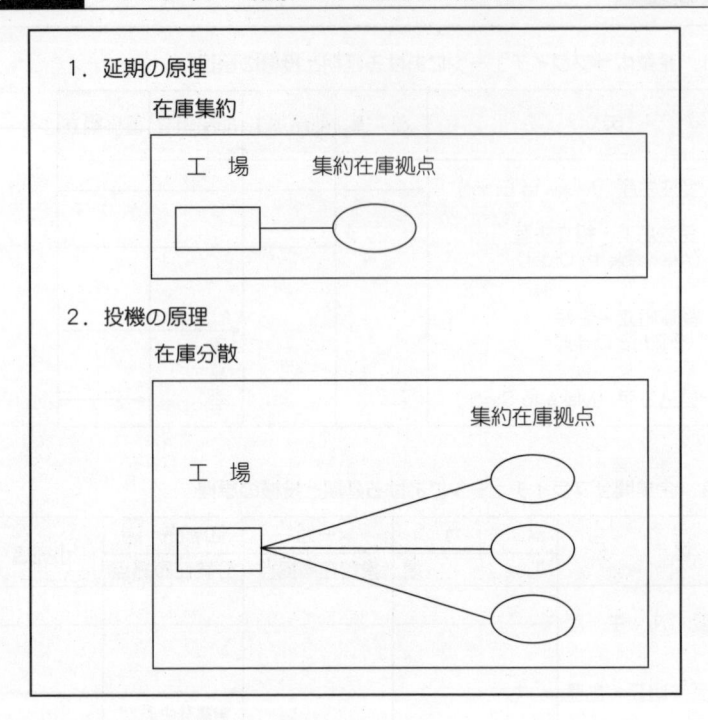

```
1．延期の原理
    在庫集約
        工　場　　集約在庫拠点

2．投機の原理
    在庫分散
                        集約在庫拠点
        工　場
```

がある。

16.2.1　延期のメリット，デメリット

　次に，延期のメリット，デメリットについてみると，延期は，生産やロジスティクス活動がより実需発生点に近づくことから，市場のリスクが削減されることと在庫コストなどロジスティクスコストが節約されることである。一方，大口生産や大口ロット配送のスケールメリットが得られない。それぞれについて，具体的にみると以下の通りである。

① **生産活動について**
　　a．メリットは，大口生産ができないことと，生産のリードタイムが短いため，デッドストックの発注が少なくなることと，在庫切れの恐れがないこ

第16章　企業間需給統合とマスカスタマイゼーション戦略

と
   b．デメリットは，大口生産ができないことと，生産のリードタイムが短いため，生産コストが高くなること
② **ロジスティクス活動について**
   a．メリットは，在庫を集約しているため，在庫保管コストが低くなること
   b．デメリットは，在庫を集約しているため，配送時間が長くなること，配送コストが高くなること
などである。

16.2.2　延期戦略

今まで延期とは何か，またそのメリット，デメリットについてみてきたが，さらに延期戦略についてみていく。延期戦略には，次の3つが考えられる。
① フル延期（受注生産，在庫集約）戦略
② ロジスティクス延期（見込生産，在庫集約）戦略
③ 生産延期（受注生産，在庫分散）戦略
以下，それぞれの概要についてみていく。
① **フル延期（受注生産，在庫集約）戦略**
　これは，生産とロジスティクス活動が最も延期された状態で行われる。顧客からの注文が企業の最も上流で受けられる。生産は，生産活動の最も上流で形づくられる。そして，製品は，顧客に最も遠いところにストックされる。そして，集約在庫拠点から配送される。これをサプライチェーンの例で見ると顧客の注文点（実需発生点）が生産のプロセスの最後のステージで行われる。最終の組立やパッケージが工場で行われ，集約在庫拠点から小売店に製品が配送される（図表16－3の1）。したがって，メリットは，低い在庫保管コスト，低い在庫切れの発生，低いムダな在庫の発生，一方，デメリットとして，やや高い生産コスト，高い配送コストと長い配送時間などである（事例16－1）。

---事例16－1　ベネトンのグローバルな在庫管理改善のための延期の活用---

　延期のコンセプト（製品をできるかぎり最終段階まで最終的に型を作ることを遅らせる約束）は，顧客需要の変化に対応するための優れたテクニックである。

　ベネトンは，120か国の店舗にサービスするため，イタリアのカストレットに唯一の流通センターを構えている。

　ベネトンは，最もポピュラーなスタイルを灰色の製品あるいは染色していない製品として生産する。ベネトンは，実際の需要パターンについて，セーターあるいはレギングの色が何かということがわかると，ベネトンは，灰色の製品を迅速に染色し，そしてそれを市場に出す。つまり，ベネトンは，水色のセーターの売り余りや黒のセーターの売り損じは起こさない。

　これは，ベネトンに顧客の需要に良く対応させ，そして，シーズンの終わりの値下げを減少させつつ，在庫を最小にすることを可能にしている。

　ベネトンは，一つの流通センターを設けて，実際の需要に基づいて，再注文に対して出荷するので，在庫が必要でない場所に配送されることはより少なくなる。

　Source：Carla Report and Justin Martin, "*Retailers Go Global*," Fortune, Feb. 20, 1995, pp. 102－108.

（出所）　D. M. Lambert, J. R. Stock & L. M. Ellram, Fundamentals of Logistics Management, McGraw-Hill, 1998.

② 　ロジスティクス延期（見込生産，在庫集約）戦略

　これは，最近，多くの企業で行われている。この戦略は，生産活動が投機された状態で行われる。一方，ロジスティクス活動は，延期された状態で行われる。顧客からの注文は，生産の最も下流で受けられる。つまり，生産活動は，生産の最も下流で形づくられる。製品は，顧客の最も遠いところでストックされる。そして集約在庫拠点から配送される。これをサプライチェーンの例でみると顧客の注文点が集約在庫拠点レベルの上流にもっていかれる。生産は，ロジスティクス活動の前に行われる（図表16－3の2）。したがっ

て，この戦略のメリットは，低い生産コスト，やや低い在庫保管コスト，高い在庫切れの発生，高いムダな在庫の発生，長い配送時間などである（事例16－2）。

事例16－2　ワールプールとシアーズのロジスティクス延期

多くの点で，ロジスティクス延期は，生産延期と正反対である。

ロジスティクス延期の基本的な考えは，ひとつあるいは2つないし3つの戦略的な場所で，フルラインの先行在庫を保持することである。在庫の前方への展開は，顧客の注文が得られるまで延期される。一旦，ロジスティクスプロセスが推進されると，あらゆる努力が可能な限り迅速に顧客に直接製品が直送される。このコンセプトのもとでは，流通での先行性は，生産のスケールメリットは，保持されるけれども，完全に除外される。

ロジスティクス延期の例として，ワールプールとシアーズの例がある。

ワールプールは器具（装置）の店舗フロアーのディスプレイモデルの出荷は別として，顧客の注文が得られるまで，それらをシアーズの流通センターへの出荷を遅らせている。

これによってワールプールは，在庫と輸送コストを削減している。

（出所）1．D. J. Bowersox, & D. J. Closs, Logistics Management, McGraw-Hill, 1996.
2．J. D. Pagh & M. C. Cooper, *"Supply Chain Postponement and Speculation Strategies : How to Choose the Right Strategy,"* CLM, Business Logistics, Vol. 9, No. 2, 1998.

③　生産延期（受注生産，在庫分散）戦略

これは，生産活動が延期された状態にあるのに対して，ロジスティクス活動が投機された状態で行われる。生産は，顧客から注文を受けてから行われる。つまり，全体の生産活動が行われる前に顧客から注文を得るということである。製品は，顧客の最も近くにストックされる。そして，分散在庫拠点から配送される。これをサプライチェーンの例でみると，生産，つまり，軽い生産，最終組立，パッケージやラベリングがサプライチェーンの最下流である卸売の分散在庫拠点などで行われる（図表16－3の3）。したがって，

| 図表16－3 | サプライチェーンにおける生産・ロジスティクス活動の延期・投機戦略の例図 |

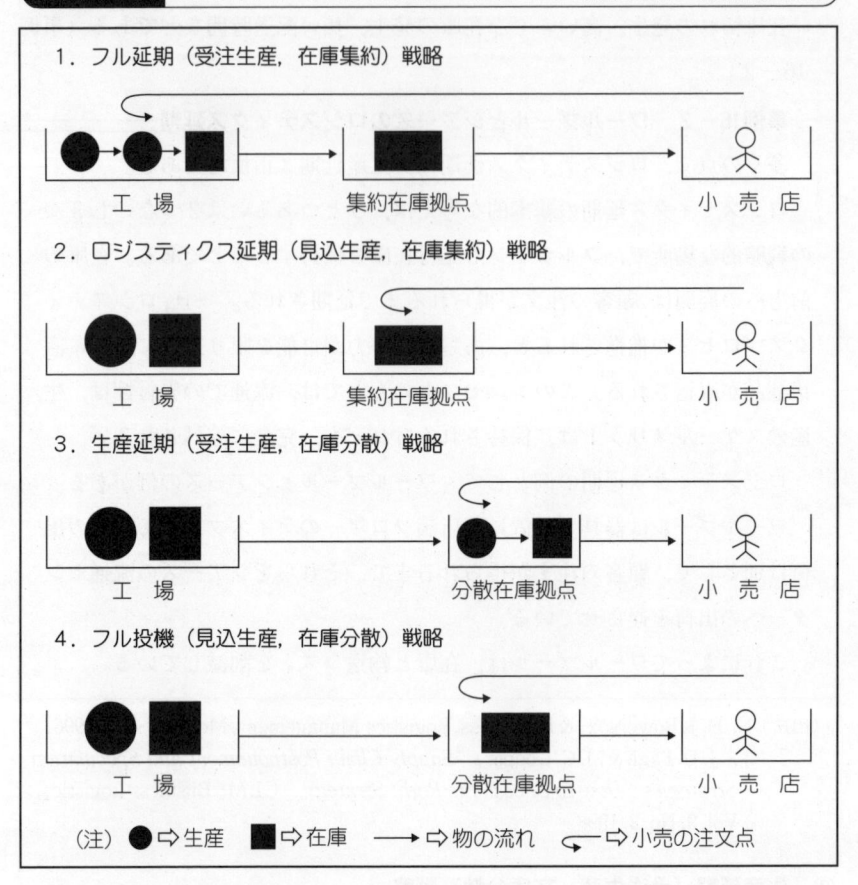

1．フル延期（受注生産，在庫集約）戦略

工　場　　　　集約在庫拠点　　　　小　売　店

2．ロジスティクス延期（見込生産，在庫集約）戦略

工　場　　　　集約在庫拠点　　　　小　売　店

3．生産延期（受注生産，在庫分散）戦略

工　場　　　　分散在庫拠点　　　　小　売　店

4．フル投機（見込生産，在庫分散）戦略

工　場　　　　分散在庫拠点　　　　小　売　店

（注）● ⇨ 生産　■ ⇨ 在庫　──→ ⇨ 物の流れ　⤴ ⇨ 小売の注文点

（出所）J. D. Pagh, & M. C. Cooper, "*Supply Chain Postponement and Speculation Strategies: How to Choose the Right Strategy*"（一部修正）CLM, Journal of Business Logistics, Vol. 19, No. 2, 1998.

この戦略のメリットは，低い配送コスト，低いムダな在庫の発生，やや短い配送時間が得られる。一方，高い生産コストとやや高い在庫保管コストなどである（事例16－3）。

第16章　企業間需給統合とマスカスタマイゼーション戦略

―― 事例16－3　ＨＰ（ヒューレット・パッカード）の生産延期戦略 ――

ここでは，ＨＰのデスクジェットプリンターの例で考えてみる。

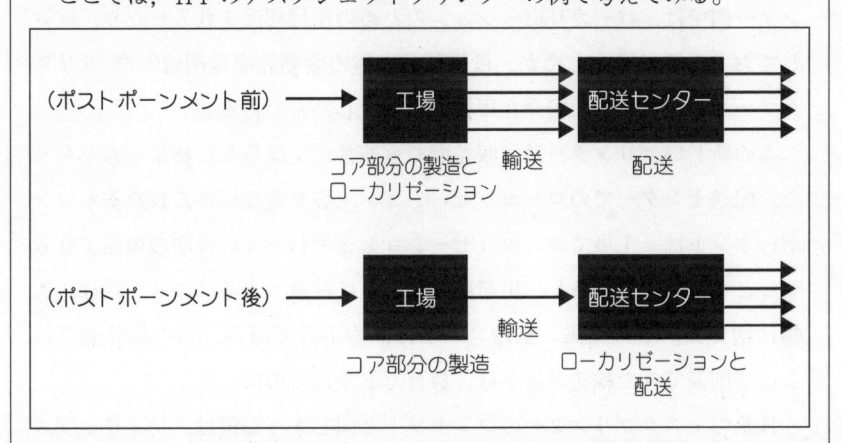

（ポストポーンメント前）→　工場　→輸送→　配送センター　→
　　　　　　　　　　　　コア部分の製造と　　　　　　　配送
　　　　　　　　　　　　ローカリゼーション

（ポストポーンメント後）→　工場　→輸送→　配送センター　→
　　　　　　　　　　　　コア部分の製造　　　　　ローカリゼーションと
　　　　　　　　　　　　　　　　　　　　　　　　配送

　グルーバル市場を対象としているＨＰでは，電圧・電源コードおよびプラグやキーボードの表示，マニュアルの言語などローカリゼーション（現地化）が必要となる。

　従来は，プリンターの製造とローカリゼーションは，ともに中央工場で行われ，その後，カリフォルニア，シンガポールおよびドイツにある配送センターに輸送されていた。そして，カリフォルニア行きの製品を除けば，通常１か月もの海上輸送が必要とされた。

　現地対応化した最終製品の在庫対応率確保の結果，各地の配送センターには，数百万ドルに及ぶ在庫が積み上がった。さらに，ライフサイクルが終わりに近づいた製品は，極端な値引販売も頻繁に行われていた。空輸すれば，確実にリードタイムは短縮できるが，利益は，ほとんど食いつぶされてしまう。

　そこで，ＨＰは，工場ではローカリゼーションの必要のない一種類の基本コンポーネントだけを生産し，それを配送センターに出荷するような設計変更を施した。とくに，電源供給モジュールは，最後に付加される構成部品となるように再設計した。これが配送センターで付加されると同時に，

139

各地域に対応したプラグとマニュアルもセットされるようにした。配送センター側では，ローカリゼーションのための後付部品を仕入れたり，保管しておく必要は発生したが，最終製品本体の余剰在庫は削減した。「リスクプーリング」目的の安全在庫投資は激減したのである。

　この新しいプリンターは，収益面でも非常にすばらしい結果をもたらした。配送センターでのローカリゼーション工程を前提に作られた基本コンポーネントは，工場でローカリゼーションまで行っていた頃の製品よりもずっとコンパクトであり，出荷用パレットに積載できるユニット数は，大幅に増えた。その結果，空輸コストは，約半分で済み，この設計変更によって削減できた輸送コストは，数百万ドルにものぼった。

　ＨＰのデスクプリンターのコンセプトと同じような例は，フィリップスでも行われた。付属品を本体に組み込む行程を工場ではなく配送センターで行うことができるよう，電子デバイス設計をモジュール化したのである。

（出所）　Ｊ．ガトーナ編（前田・田村訳）『サプライチェーン戦略』東洋経済新報社，1999年。

　以上，延期の戦略やマネジメント活動をみてきたが，この延期戦略を行うには，顧客の注文をできるかぎり先送りすることが肝要である。それには，顧客から注文をできるかぎり早くもらうことは，もちろんのこと，受注してから可能なかぎり少ない部品で組み立てて，多様な商品を供給できる仕組み，例えば，部品の多様化の抑制，部品の共通化や製造プロセスのサブプロセス化などを構築する必要がある。

（参考文献）
1．菊池康也著『ロジスティクス概論』税務経理協会，2000年。
2．菊池康也著『ＳＣＭの理論と戦略』税務経理協会，2006年。
3．Ｊ．ガトーナ編（前田・田村訳）『サプライチェーン戦略』東洋経済新報社，1999年。

第16章　企業間需給統合とマスカスタマイゼーション戦略

4．J.D.Pagh & M.C.Cooper, "*Supply Chain Postponement and Speculation Strategies : How to Choose The Right Strategy*" CLM, Journal of Business Logistics, Vol.19, No.2, 1998.
5．B.Yang, Y.Yang & J.Wijngaard "*Impact of Postponement on Transport : An Environmental Perspective,*" The International Journal of Logistics Management, Vol.16, No.2, 2005.
6．M.Waller, P.Dabholkar & J.Gentry, "*Postponement, Product Customization and Market-Orienter Supply Chain Management,*" CLM, Journal of Business Logistics, Vol.21, No.2, 2000.

第17章　企業間需給統合とアウトソーシング戦略

企業間需給統合は，企業間で需要に対していかに最適な供給を行うかである。

この企業間需給統合をスムーズに行うには，パートナーとして最適な企業に業務をアウトソーシング（Outsourcing，外注化）することが重要なポイントとなる。

そのための戦略は，アウトソーシング戦略（Outsourcing Strategy）で，それには3PL（Third Party Logistics），EMS（Electronics Manufacturing Service），部品設計開発委託などがある。

以下，3PLを中心にその概要について述べる。

17.1　アウトソーシング戦略

グローバル化の進展，ITの発展，株主重視経営志向など，企業を取り巻く環境変化に対して企業にとって，サービスの向上，コスト削減，経営資源の有効活用などが急務になっている。

そのため現状の企業価値を高めるため，外部資源を活用してサプライチェーン機能を高めるアウトソーシング戦略が重要な戦略となっている。

これは，最初は主に初期資本投資を抑えてキャッシュ・フローを改善することやビジネス活動に有効に対応することが目的であったが，最近はかなり戦略的になっている。すなわち，企業が今まで自社で作っていたり，行っていた，また新たに始める機能や業務について，サービス向上，コスト削減，外部資源の有効活用，コア業務への経営資源の集中など，明確な戦略目標をもって業務の企画設計からオペレーションまでの一切を，業務能力の優れた外部企業あるいは専門的な知識，技術，情報をもった外部企業に外注化して競争優位性を確

保するものである。

　これによって，サービスの向上，コスト削減，キャッシュ・フローの改善，内外の経営資源の有効活用，リスク分散，組織のスリム化などの効果が得られる。

17.2　サードパーティロジスティクス

　サードパーティロジスティクスについて，J.M.アフリックとC.S.カルキンズは，荷主とロジスティクス事業者の長期的，相互利益的関係の視点から「企業のロジスティクス機能のすべてあるいは一部をアウトソースすること，基本的なサービスと比較して，一括契約ロジスティクスの提供は，より複雑で幅広い数の機能を含む。そして，長期間の，より相互利益的関係によって特徴づけられる」と定義している。

　一方，W.C.コパチーノは，提供するサービス領域の視点から「サードパーティロジスティクスは，輸配送，輸配送管理，顧客サービスマネジメント，輸出入管理，ロジスティクス情報サービス，ロジスティクス統合管理などこれらのサービスの2つ以上を組み合わせて提供すること」と定義している。

　さらに，わが国の政府の総合物流施策大綱は，これについて，提案と包括というキーワードを使って「荷主に対して物流改革を提案し，包括して物流業務を受託する業務」と定義づけている。

　筆者は，サードパーティロジスティクスとは，荷主からみれば，一定期間，契約ベースで荷主のロジスティクス業務の全部，または，一部を特定のロジスティクス事業者に一括委託すること，また，ロジスティクス事業者からみれば，荷主のロジスティクス業務の全部，または，一部を一括受託することと考える。

　サードパーティロジスティクスとは何かについてみてきたが，ここでは，荷主の視点からみていく。

17.2.1 サードパーティロジスティクスの本質と目的

　荷主の視点からみれば，サードパーティロジスティクスは，ロジスティクス業務やその周辺業務を戦略的にアウトソーシングすることである。そして，その本質は，戦略性，最適化，戦略的提携にある（図表17－1）。

　次にサードパーティロジスティクスの目的についてみると，顧客サービスの向上，トータル物流コストの削減，「モノの動き」の時間生産性の向上，外部の専門性の活用，自社の専門性の強化，組織のスリム化，リスクの分散などがある。これを要するに，サードパーティロジスティクスの目的は，同一産業内の企業間でサプライチェーン活動にかかわるコストやサービスに格差があり，この格差を埋め，そして競争優位性を確保するため，高度な専門知識を持ったサードパーティロジスティクス事業者にロジスティクス業務などを戦略的に外注化して，顧客サービスの向上，ロジスティクスコストの削減，「モノの動き」のスピード化することが目的と考える。

図表17－1　3PLの本質

1. 戦略性
   自社資本の有効活用と他社資本の活用
   資源制約のもとで，利益を生む生産・販売部門に資源を重点配分
   競争優位性を確保するためアウトソーシング
2. 最適化
   複数業者との契約から特定業者への一括委託
   複数業者間の競争による部分最適から特定業者によるサプライチェーン全体の最適化
   複数ロジスティクス業務の最適化
   セグメント単位の物流でなくサプライチェーン機能全体の最適化
3. 戦略的提携
   対立関係からパートナーシップや戦略的提携関係
   Win－Winの関係
   Cooperation（協力），Coordination（協調），Collaboration（協働）を目指す

17.2.2 サードパーティロジスティクスのサービス業務

次に，サードパーティロジスティクスのサービス業務については，荷主の多用なニーズに適応して，輸送，保管だけでなくロジスティクス業務はもちろんのこと，ロジスティクスに関連する周辺業務を含む（事例17−1）。

事例17−1　メンロ・ロジスティクスとスカイ・ウエイ・フレイトシステムの3PLのサービス業務

1．メンロ・ロジスティクス
  ① 総合ロジスティクスソリューション
  ② 輸送マネジメント
  ③ 専用契約倉庫
  ④ 専用チャーター便

2．スカイ・ウエイ・フレイトシステム
  ① 一元的窓口
  ② 高度な輸送
  ③ オプティマイザー
  ④ ロジスティクス計画
  ⑤ 国際サービス
  ⑥ システム解決

（出所）運輸経済研究センター編『内外価格差を踏まえた運輸関連サービスのコスト低減方策に関する調査報告書』1997年3月。

主なサードパーティロジスティクス業務のサービス業務として，次の業務が考えられる。

① 輸配送
② 倉庫と保管
③ 在庫（原材料，資材，製品）管理
④ 受発注

第17章　企業間需給統合とアウトソーシング戦略

⑤　顧客サービス
⑥　マテリアルハンドリング（荷役）と包装
⑦　情報システム
⑧　廃棄物回収処理
⑨　返品処理
⑩　その他，輸出入業務，検品，納品代行，代金精算

なお，将来のサービス業務は，ロジスティクス関連業務やその周辺業務だけでなく，さらに，拡大すると思われる。

17.2.3　サードパーティロジスティクスのメリット，デメリット

さらに，サードパーティロジスティクスのメリット，デメリットについてみていく。

荷主のメリットとして，専門化することによってコストが削減できること，シナジー効果が得られること，計画支援のための情報を多く得られること，顧客サービスを向上させることができること，リスクを減らすことができること，リスクを共有できること，創造性を共有できること，競争優位性を確保できること，さらに，ロジスティクスコストがはっきり掴めること，ロジスティクスの人材を他部門で活用できること，生産や販売に力を注げることなどである。要は，サプライチェーンの機能を高めることで同業他社と差別化が可能になることである。

サードパーティロジスティクスのメリットについてみてきたが，サードパーティロジスティクスは，メリットばかりでなくデメリットもあることに留意すべきである。つまり，荷主にとってコントロールができないこと，顧客へ直接関与できないこと，リスクを伴うこと，秘密が漏洩する恐れがあること，雇用問題，従業員の士気低下，ノウハウの流出，品質管理の問題がある。

17.2.4 サードパーティロジスティクスの戦略的推進

サードパーティロジスティクスを実行するために，どう戦略的に推進するかをみていく。

荷主がサードパーティロジスティクスを推進するには，次のことが重要である（C.F.リンチ）（図表17－2）。

① トップマネジメントのコミットメント（合意）の確保

　サードパーティロジスティクスプロジェクトは，企業の他の重要なプロジェクト同様，トップマネジメントのサポートやコミットメントが必要不可欠である。

② プロジェクトチームの編成

　トップマネジメントによってサードパーティロジスティクスがコミットされたら，その決定に大きく影響を受ける他部門や業務グループのコミットメントや参加をとりつけることが重要になる。

　ロジスティクス部門は，もちろんのこと，多大な影響を受ける情報技術・生産・品質・販売・マーケティング・財務・人事部門の代表によるチーム編成が重要になる。

③ サードパーティロジスティクスの目的の明確化

　プロジェクトチームの最初の仕事は，サードパーティロジスティクスによって達成しようとする目的を決定することである。そのためには，目的を設定し，また，多くの問題を解決せねばならない。

④ 現行オペレーションの評価

　現行オペレーションの評価は，サードパーティロジスティクスプロセスにおいて，サードパーティロジスティクス事業者，コスト，メリットについての決定を合理的に行うために必要不可欠である。

⑤ サードパーティロジスティクス事業者の計画プロセスへの取り組み

　サードパーティロジスティクスプロセスの初期の段階から，提案要請書などを使って，サードパーティロジスティクス事業者に関する経験や知識をテ

第17章　企業間需給統合とアウトソーシング戦略

図表17-2　3PLの戦略的推進方法

1．トップマネジメントのコミットメントの確保
2．プロジェクトの編成
3．サードパーティロジスティクスの目的の明確化
　(1)　解決しなければならない問題は何か
　(2)　どのような結果を期待しているか
　(3)　アウトソーシングが企業の戦略とミッションに適合するか
　(4)　アウトソーシングが他の部門に受け入れられるか
　(5)　タイミングは妥当か
　(6)　どのような競争が行われているか
　(7)　それはどんなメリットをもたらすか
　(8)　組織にどういう影響を与えるか
　(9)　アウトソースされた機能の実行，管理ができる確かなマネジャーはいるか
　(10)　アウトソーシングは，コアコンピタンス（競争力の源）に対してより傾注させるか，またどのような方法か
　(11)　強みを最大化し弱味を補強できるか，どのような方法があるか
　(12)　顧客サービス必要要件は何か
　(13)　決定が顧客サービスにどのような影響を及ぼすか
　(14)　適切なアウトソーシングのために何をやろうとしているか分かっているか
　(15)　効率的に管理可能な活動を単純にアウトソーシングしようとしていないか
　(16)　アウトソーシングによって革新的なロジスティクス技術や情報システムへ目が開かれるか
　(17)　どんなリスクがあるか
　(18)　受入れ可能か
4．現行オペレーションの評価
5．3PL事業者の計画への取り込み
6．戦略的提携のフレームワークの明確化

（出所）　C.F. Lynch, Logistics Outsourrcing（一部修正），CLM, 2000.

コにすれば，非常に有益である。

　今まサードパーティロジスティクスの戦略的推進についてみてきたが，筆者は，このほかに，次のことを追加したい。

⑥　戦略的提携のフレームワークの明確化

　荷主とサードパーティロジスティクス事業者が戦略的提携を組む時に，適切なタイプを決定することが大切である。つまり，戦略的提携の期間の長短，提携部門の範囲，提携の強弱など戦略的提携の適切なタイプを考慮すること

が肝要である。

最後に，サードパーティロジスティクスの具体的事例を2つ（事例17－2，17－3）をかかげておく。

事例17－2　ローラアシュレイとＢＬＳ社の3ＰＬ

　アメリカのローラアシュレイ（アパレルメーカー）は，以前は，倉庫管理も輸配送もローラアシュレイの管理のもとで，複数の物流業者とその下請けに任せていた。しかし，内容はきわめて非効率で，世界に点在するローラアシュレイの得意先540店に適時，適量の商品を正確かつ迅速に送り届けられていないことがわかった。つまり，顧客サービスを無視した物流が行われていた。

　当時は，倉庫会社と輸配送について，倉庫管理会社6社，輸配送会社8社およびその下請会社がバラバラに行っていた。10ものマネジメントシステムのもとに物流管理が行われており，横の連絡もほとんど行われていない。在庫管理も倉庫ごとに異なり，商品の入出庫，保管，ピッキング，検品，包装，梱包，輸配送，物流サービスなどの方法も全く統一されておらず，そのため倉庫間の商品の移動も多く，在庫の過剰やムダな要因も多く，コスト高になっていた。

　そこで，ローラアシュレイは，ビジネス・ロジスティクス・サービス（ＢＬＳ社，テネシー州メンフィスに本社を置く世界的に有名な物流専業者）に物流業務を一括して外注契約をした。

　ＢＬＳ社は，グローバルな商品と情報の流れ，在庫管理，輸配送，貨物追跡などのすべてのシステムを一元管理することにした。

　これによって，得意先店舗への商品補充の小口多頻度化，信頼性の向上，欠品の排除など物流の効率化を進めることによって，売上が飛躍的に拡大したといわれている。

第17章　企業間需給統合とアウトソーシング戦略

―事例17-3　デルとフェデックスやカリバー・ロジスティクスとの3PL―

1．デルとフェデックスとの3PL

 (1)　デルは，マレーシア工場から組み立てられた製品を隣接の空港まで運び，そこから成田，関西のデルロジスティクスセンターへの輸送は，全面的にフェデックスに戦略的アウトソーシングしている。

 (2)　日本からマレーシア工場に発信する受注情報をフェデックスと共有することで，フェデックスは，製品が工場を出る時ではなく，オーダーを受けた時点で受注情報が分かり，事前に輸送計画が立てられる。

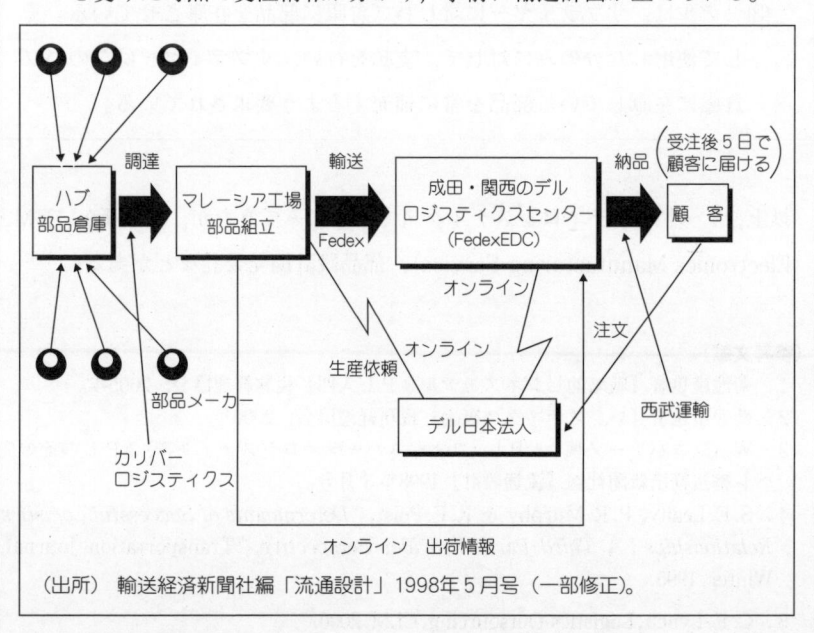

```
  ●  ●  ●
   ↓↓↓         調達         輸送              納品      ┌─────────┐
  ┌────┐   ──→  ┌──────┐  ──→  ┌──────────┐  ──→   │受注後5日で│
  │ハブ │         │マレーシア│ Fedex │成田・関西のデル│      │顧客に届ける│
  │部品倉庫│      │工場    │       │ロジスティクス │      │  顧客   │
  └────┘         │部品組立│       │センター      │      └─────────┘
   ↑↑↑          └──────┘       │(FedexEDC)   │
  ●  ●  ●                        └──────────┘
  部品メーカー    生産依頼  オンライン    │ オンライン
                                        │       │注文
   カリバー                              ↓       │      西武運輸
   ロジスティクス              ┌──────────┐
                              │デル日本法人│
                              └──────────┘
                    オンライン　出荷情報
```

（出所）　輸送経済新聞社編「流通設計」1998年5月号（一部修正）。

 (3)　デルの顧客データとフェデックスのロジスティクスデータベースとを接続することで，製品管理データからサポート履歴までを含む総合的かつ一元的なデータ管理が可能になる。

 (4)　フェデックスが持つ貨物追跡システムを利用して，購入者が，自分で発注した製品の状況，例えば，「製造中」「空輸中」「通関中」などをインターネット上で確認できる。

151

2．デルとカリバー・ロジスティクス（フェデックスに買収された）との3PL
(1) デルは，ハブ倉庫から部品を必要に応じてデルのマレーシア工場に供給する部品調達業務をカリバー・ロジスティクスに戦略的にアウトソーシングしている。
(2) デルは，マレーシア工場から数10分程度の場所にハブ倉庫を設け，その倉庫にサプライヤーから部品を供給させて管理している。
(3) デルは，サプライヤーに対しハブ倉庫に部品を在庫させている。そして使用した分のみに対して，支払を行い，サプライヤーはこのハブ倉庫に在庫している部品を常に補充するよう要求されている。

以上，サードパーティロジスティクスを中心にみてきたが，このほかにEMS（Electronics Manufacturing Service），部品設計開発委託などがある。

(参考文献)
1．菊池康也著『戦略的ビジネスモデル3PL入門』税務経理協会，2005年。
2．菊池康也著『ロジスティクス概論』税務経理協会，2000年。
3．W.C.コパチーノ稿「4PL（フォースパーティロジスティクス）3PLのその先へ」輸送経済新聞社編『流通設計』1998年3月号。
4．S.E.Leahy, P.R.Murphy & R.F.Poist, "*Deterninants of Successful Logistics Relationships：A Third-Party Provider Perspective,*" Transportation Journal, Winter, 1995.
5．C.F.Lynch, Logistics Outsourcing, CLM, 2000.

第18章　企業間需給統合と製販統合戦略

企業間需給統合は，企業間で需要に対していかに最適な供給を行うかである。

企業間需給統合をスムーズに行うには，企業間で情報を共有して，需要と供給を同期化することが重要なポイントとなる。

そのための戦略は，製販統合戦略で，それには製販同盟（Manufacturer-Retailer Alliance）などがある。

以下，その概要について述べる。

18.1　製販統合戦略

製品の多様化，ライフサイクルの短縮化，さらには消費者の趣好が変化しているところから，ますます迅速，的確な製品供給が必要になっている。そのため需要情報などの情報を共有して，変化の激しい市場に対して俊敏に対応して売り損じや売り余りを最小化する製販統合戦略が重要になっている。

この製販統合戦略は，需要情報などの情報をいかに戦略的に活用するかである。これは，企業が連携して，需要情報などの情報を共有して最適な製品の供給はもちろんのこと，新製品の開発、効果的な品揃えや効果的な販売促進などを目的とする戦略である。すなわち，企業間で情報を共有して需要維持はもちろんのこと，需要創出を目的とする差別化戦略である。

これによって，売上増大，顧客サービスの向上，需給統合，在庫削減がはかられることになる。

18.2 製販同盟

　これは，情報の共有を通して，メーカーと小売店との間で需要と供給をマッチングするための企業間連携である。

　この製販同盟が生まれてきた背景は，ウォルマートとＰ＆Ｇの取引関係は，以前は自己を有利に導こうと力と力のぶつかり合いで，このような事態を改善するため，両者は，消費者の視点に立った取引関係の再構築に取り組んだことに由来する。

　具体的には，ウォルマートは，全店舗の紙おむつの売上，在庫，価格の情報をＰ＆Ｇに提供し，この情報によって，Ｐ＆Ｇは，ウォルマートの店舗別の最適陳列スペースアロケーションの設定ができ，効果的な補充作業ができるようになった。

　現在では，ウォルマートは，Ｐ＆Ｇとの間で構築された関係を，さらに拡大し，取引先すべてにウォルマートのデータウェアハウスを共有させており，ウォルマートのリテイルリンクを通して取引先は，ウォルマートの商品の店舗別売上や在庫数を確認できる。これにより，サプライヤーは，効率的な補充が可能になる（事例18－1，18－2）。

　なお，情報の共有によって需給統合の他に製品開発，品揃え，販売促進なども行われる。

事例18－1　Ｐ＆Ｇとウォルマートの製販同盟

　Ｐ＆Ｇとウォルマート両者は，長年「リレーションシップマーケティング」によるパートナーシップを展開している。Ｐ＆Ｇがウォルマートの特定の製品ラインの在庫管理を行い，出荷時期についても決定を下すというシステムである。Ｐ＆Ｇはウォルマートの在庫データや販売データに完全にアクセスすることができる。このシステムは，ウォルマートのコスト削減とＰ＆Ｇの市場シェア拡大に貢献している。

第18章　企業間需給統合と製販統合戦略

Source：Vincent Alonzo, "*Til Death Do Us Part,*" Incentive, No. 4, April, 1994.

（出所）　G.ティンダール他著（入江監訳）『市場をリードする業務優位性戦略』ダイヤモンド社，1999年。

─事例18−2　花王とジャスコの「製販同盟」─

　日本で「製販同盟」として取り上げられるのは，花王とジャスコのケースであるが，そこでも，情報共有による在庫の削減，取引コストの削減，ペーパーレス取引化による間接コストの削減などの効果があったようである。当時，メーカーと量販店は，それぞれ独自の商品コードを利用していたが，ＪＡＮという統一コードの利用によってわざわざ「変換」する手間や交換に伴うデータ化がなくなるなどのメリットが指摘された。メーカーにしてみれば，同じ商品が取引先ごとに異なる商品コードを利用しているのは不合理であり，できれば一つのコードに統一したいのはやまやまなはずである。もちろん，取引先からすれば，自社の「使い勝手のいい」独自の商品コード体系を開発してきたという自負があるから，一つのコードに統一することには抵抗があるのは当然である。同じことは「伝票」や「荷札」の書式にも当てはまりそうであるが，端で想像する以上に当事者たちは，些細な「独自の違い」にこだわっているようにみえる。

　それはともかく，花王とジャスコの「製販同盟」のメリットは，ペーパーレス取引による作業の削減，経費節約だけでなく，「情報の共有」による様々なメリットだったといえる。例えば，ジャスコの店頭での花王製品の売上データが直接花王に送られるため，花王では単品の売れ行きと在庫を確認しながら，欠品が発生しないように補充数量を決定し，迅速に納品できるようになる。また，量販店での補充発注は，パートが在庫を目で確認しながら行うのが一般的であるため，「製販同盟」によりこの作業が削減されることになる。その分パートを削減するか，あるいは販売に専念することになるかもしれない（この説明は，かなり以前に伺った話なので実態に合わなくなっている可能性があります。実態に詳しい方は，是非ご

一報を！）。

　ところで，花王にとってはどのようなメリットがあったかと言えば，それは何よりも店頭の売れ行き情報を直接的に把握できることであろう。花王は，これまで独自の配送システムで小売の店頭まで納品していたが，最近は量販店が各店舗への「一括納品」を実現するために花王に対しても物流センターへの納品を要請しているようである。とすると，花王は，小売店頭での売上状況が把握しにくくなり，「実需」の変化に対応して生産・流通システムを構築してきた同社としては大きく「制約」されることになる。つまり，花王の場合には，小売店→販社→倉庫→本社→工場という市場情報に基づいて「売れたモノを，売れたときに，売れただけ生産できる」生産システムと，逆に「売れたモノを，売れた場所に，売れただけ商品を補充する」物流システムによって，ムダな在庫を持たずに，市場の変化に適応しうる体制を構築してきたが，このシステムでは，「実需」つまり，小売店頭での売れ行き情報を直接的かつ迅速に把握することが決定的に重要なのである。

　もちろん，最近の物流センターは，在庫を持たない「トランスファー」型になっており，また，小売業も極力在庫を圧縮しているので，センターへ納品される商品数量の動向と店頭の売れ行き動向とは限りなく「近似」している。しかし，発注される数量は，本部バイヤーの「予測」や「商談」的要素も含まれるため，「実需」とは微妙に「ズレ」る可能性は否定できないであろう。そして流通の川上におけるこの微妙な「ズレ」は川下に行くほど，大きな「ズレ」になるおそれがある。こうした状況が想定される限り，メーカーはできるだけ小売店と売れ行き情報を直接的に把握することが望ましいことは言うまでもない。そしてそれが「望ましい」効果を持つほど，花王としてはジャスコ以外の大手小売業と同じような「同盟」を結ぼうとするのは当然かもしれない。

（出所）http://koho.osaka-cu.ac.jp/vuniv1997/kato/10.html

第18章　企業間需給統合と製販統合戦略

製販同盟の推進手段である主なマネジメント活動は，以下の通りである。

18.2.1　情報の共有

情報の共有の第一歩は，サプライチェーン間の需要起動情報の共有である。情報の共有は，サプライチェーンの需要情報の劣化の問題（ブルウィップ効果）に対応する最も効果的な方法である。

この情報の共有は，サプライチェーンの上流，下流のメンバーが需要予測，需要情報，在庫情報，生産計画，生産能力計画，輸送計画，出荷スケジュールなどの情報を共有することが重要である。それによって，メンバーは予測と補充を調整できる。要は，サプライチェーンを通して透明であることが重要である。

この情報の共有によって，在庫コストの削減，売上の増大，顧客満足度の向上などが可能になる（事例18－3）。

製販同盟のマネジメント活動として情報の共有を中心にみてきたが，この他に，情報システム，チャネルの責任の明確化，コミュニケーションルールの明確化，需要対応能力の向上などがある。

───事例18－3　ウォルマートの取引先間との情報共有───

ランディ・モット（ウォルマートＣＩＯ）が中心になって開発されたリテイルリンクは，1997年にインターネット化されたが，ケビン・ターナー（後任のＣＩＯ）は，それをＢ２Ｂエクスチェンジに進化させた。2000年にはアトラスコマース社のソリューションを導入し，これにより，従来の情報共有による意思決定支援システム（ＤＳＳ）から，より広範なアプリケーションが実施できるようになった。

ＣＰＦＲのためのページがリテイルリンク上に登場し，販売予測の差異を把握して，什器／備品／消耗品の調達もリテイルリンク上でできるようにした。直接の取引先のみならず，原材料メーカー，配送／運送業者，その他サプライチェーンに関連するすべてとリテイルリンクを通じて連携でき

る，広範囲なコラボレーティブコマースの基盤がこうしてできあがった。

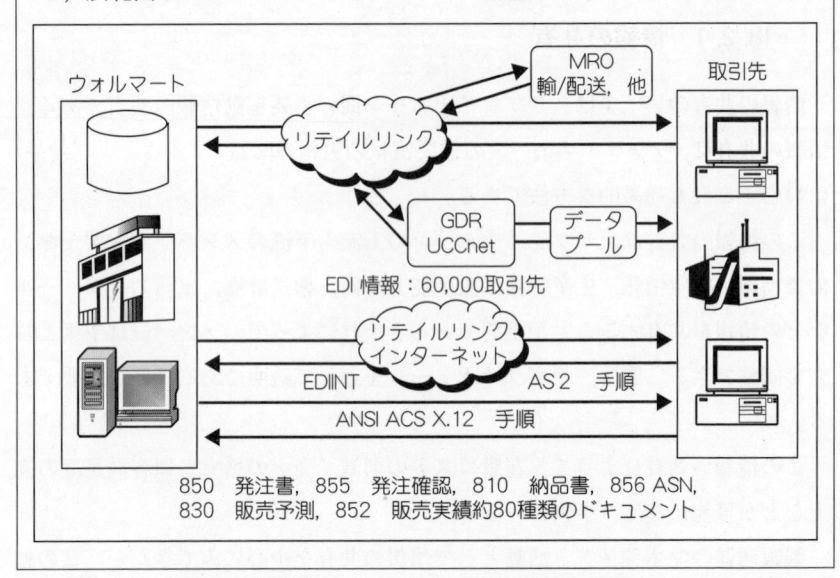

```
ウォルマート              MRO          取引先
                       輸/配送，他
      ←――リテイルリンク――→

              GDR      データ
              UCCnet   プール
         EDI情報：60,000取引先

         リテイルリンク
         インターネット
         EDIINT        AS2 手順
         ANSI ACS X.12 手順

   850 発注書，855 発注確認，810 納品書，856 ASN，
   830 販売予測，852 販売実績約80種類のドキュメント
```

（出所）　舟本英男著『コラボレイティブコマース』同友館，2005年。

(参考文献)
1．菊池康也著『ＳＣＭの理論と戦略』税務経理協会，2006年。
2．J.アンドラスキー・舟本共著『次世代SCM, CPFRがわかる本』JMAM，2002年。
3．舟本秀男著『コラボレーティブコマース』同友館，2005年。

第19章　企業間需給統合とコラボレーション戦略

　企業間需給統合は，企業間で需要に対していかに最適な供給を行うかである。
　この企業間需給統合をスムーズに行うには，企業間で計画や業務についてコラボレーション（Collaboration，協働）することが，重要なポイントとなる。
　そのための戦略は，コラボレーション戦略（Collaboration Strategy）で，それには，CPFR（Collaborative Planning, Forecasting and Replenishment，協働計画・需要予測・補充），ＣＴＭ（Collaborative Transportation Management，協働輸送管理），協働商品開発，協働商品品揃え，協働販売促進，協働供給計画などがある。
　以下，それぞれの概要について述べる。

19.1　コラボレーション戦略

　企業の需要予測，販売・生産・在庫計画の決定は，自社で独立して決定するか，あるいは相手の各種予測や契約を共有して計画を自律的に決定してきたが，これでは企業間で計画が十分同期化されていないため，真に販売増，在庫削減，効率性，効果性，生産性をもたらしているか疑問である。そのため企業間でビジョンの共有，協同計画，協同の実行，結果への協同責任をとるコラボレーション戦略が重要である。

19.1.1　コラボレーション（協働）

　コラボレーション（協働）とは何か。
　これについて，多くの学者やコンサルタントがコラボレーションについて定義しているが，筆者は，コラボレーションは協同のひとつの型で，Cooperation

（協力）やCoordination（協調）よりさらに進歩した型で，サプライチェーンのすべての企業が共通の目標に向かって一体となって積極的に協力することで，具体的には，ビジョンの共有，協同計画，協同の実行，結果への協同責任を展開することである。

これにより，企業は，次のような多くのメリットが得られる。

① 売上増大
② 在庫の削減
③ 顧客サービスの向上
④ ロジスティクスコストの削減
⑤ 業務の効率化
⑥ キャッシュ・フローの効率化
⑦ 資本回転率の改善など

いずれにしても，協働によって，製品の品切れを最少にし，在庫削減とロジスティクスコストの削減，さらには販売増が可能になることである。

19.2 主な戦略

以下，主なコラボレーション戦略についてみていく。

19.2.1 CPFR（協働計画・需要予測・補充）

CPFRの出現の背景についてみると，1990年代後半に行われたハイネケンUSAのCollaborative Planningにさかのぼる。

ハイネケンUSAはオランダからビールを輸入して，アメリカの450以上の特約店に販売している。同社は，CR（継続的商品補充）によって顧客サービスに対応するため，より長期の需要予測と最適なデリバリーを行っていた。

しかし，特約店から注文を受けてからオランダから輸入ビールを受け取るまでの注文サイクルは，10週間もかかり，市場の変化に迅速に対応できないでいた。同社の市場変化への対応をさまたげているのは，リードタイムの長さで

あった。このリードタイムの短縮のためにハイネケンＵＳＡは，世界でユニークな実験を行った。

　これは，1996年11月に，同社は，特約店とインターネットを接続してハイネケンの長期需要予測，注文，配送スケジュールを見直し，修正，承認できるようハイネケンＵＳＡのシステムにログオンを許したことだ。

　ハイネケンＵＳＡは，特約店に需要予測を提示する。特約店は，需要予測を見直し，修正し，承認した後，その予測に基づき配送スケジュールが作られる。配送スケジュールは，実行される前に，特約店は，見直し，修正，承認する。この配送スケジュールこそ，特約店にとっては注文であり，特約店は，もはやハイネケンへビールを注文しない。

　ハイネケンと特約店は，配送スケジュールに基づいて協働している。

　これがさらに，ウォルマートと製薬メーカーであるワーナーランバート社間でリステリン製品ラインでCFAR (Collaborative Forecasting and Replenishment, 協働需要予測・補充) としてテストされた。

　CFARは，取引企業間の売上と発注予測を比較することができるようにし，さらに，予測における差異を明らかにした上で，両社ができるだけ早く問題解決しようとするものである。

　これは，ＥＣＲやＱＲ活動を通じて，販売情報は，共有されてはいたが，販売予測に関しては，その詳細を相手に伝えるまでに至っていなかったため，CFARは，予測を共有することによって，サプライチェーンの効率化をさらに進めようとした。

　ただ，このCFARは，協働が需要予測に焦点があてられるだけで，注文や配送に焦点があてられていなかった。後に，協働が注文や配送にも焦点があてられCPFRへと変化していった（事例19－1）。

───**事例19－1　ウォルマートとワーナーランバートのＣＰＦＲ**───
　インターネットによって，ウォルマートとワーナーランバートが密接に結びつき，需要予測を共有する。

ウォルマートは，うがい薬リステリンについて，過剰在庫の最小化や店頭品切れを最小化することを目指して，ワーナーランバートと組み，それぞれで需要予測して，ウェブでつきあわせて差を確認し合う。
　その差は，販促策によるもので，これをつき合わせていく上で需要予測を確立し共有される。
　ウォルマートとワーナーランバート両社がそれぞれ需要予測をすりあわせることにより，その精度が向上し，結果として在庫が削減された。
　インターネットは，その際の重要なコミュニケーションの手段となっている。

　CPFRは，流通業者とメーカーがインターネット等を活用して，協働の計画と需要予測に基づいて，商品補充を成功させるための取引パートナー間のビジネスプロセスを確立するビジネスモデルである。
　つまり，これは，流通業者とメーカーが協働して（Collaborative），計画を立案し（Planning），需要予測し（Forecasting），商品補充（Replenishment）を行うことである。例えば，サプライチェーン間で，需要予測の精度を向上させるため，お互いにチャネル間で，計画・予測情報を交換し，一定以上のギャップがあるとインターネットなどを使ってお互いの予測をすりあわせて，協働して精度の高い需要予測を作ることである。これは，お互いに持っていない情報を共有し検討することによって需要予測の精度の向上が確保される。そして，それに基づいて，協働して商品が補充される（事例19－2）。

──事例19－2　ナビスコとウェグマンのＣＰＦＲ──
　カテゴリーマネジメントとサプライチェーンマネジメントは，それらをうまく実行できる会社に競争優位性を提供することが証明されている。
　取引パートナーは，CPFRプロセスを通して，これらの活動をリンクすることによって，平等により多くの利益を得ることができる。
　CPFRは，取引パートナー間で共同で展開されるビジネス計画の成果を

第19章　企業間需給統合とコラボレーション戦略

サプライチェーンプロセスに結びつける機会を提供する。ビジネス計画と予測は，監視されそして双方のパートナーによって適用されている。

　これは，メーカーと流通業者との間の販促計画と予測のやりとりを可能にする双方向の相互的なコミュニケーションプロセスの創出によって達成された。

　ナビスコ（大手ビスケット，スナック，高級食料品の国際的なメーカー）は，アメリカ，カナダの他世界85か国以上の国に製品を販売している。

　一方，ウェグマンフードマーケット社は，ニューヨークとペンシルベニアに58店舗のスーパーマーケットチェーン（ニュージャージーに1店舗を持つ）は，業界のリーダーであり革新者と認識されている同族企業である。

　1998年，これらの企業は，VICS（アメリカの流通業界の標準化機構）ビジネスモデルの有効性を確認するため，CPFRの実験に取り組んだ。実験は，22のプランターナッツアイテムに限定した。人員や技術の領域で，現状以上に資源を増やすことなく行われた。最初の6か月間，情報のやりとりは，スプレッドシートとe-メールを使うことで達成された。1998年7月から1999年1月までCPFR実験の結果は，市場においてカテゴリーの販売が13％アップに対して他の小売は8％減となった。

　プランターブランドの販売増は，1999年1月17日に終了する30週間のIRIによる測定によって53％と驚異的であった。小売り販売の大部分は，カテゴリーマネジメント戦略の進展やカテゴリーに焦点を絞ることをテコにした共同展開ビジネスプランに依存する。

　これらの結果は，CPFRに基づくサプライチェーンへの最少のストレスで達成された。オペレーションサイドでは，店舗へのサービスレベルが93％から97％にアップし，そして在庫日数が2.5日減少した（18％）。

　これらの積極的な結果は，ナビスコとウェグマンにこの実験の期間を延長させ，そしてミルクボーンペットスナック製品を含めて，製品の範囲を拡大するよう決定された。

> また，双方の会社は，他の取引パートナーと実験を確立しつつある。
>
> Source："*Nabisco Inc. and Wegmans Food Markets*,"1999 Voluntary Interindustry Commerce Standard Association, pp.33－44.

（出所）　D. J. Bowersox, D. J. Closs & M. B. Cooper, Supply Chain Logistics Management, McGraw-Hill, 2002.

このCPFRをうまく行うには，直接消費データの収集，共通の期待の積極的な共有，協同の戦略計画，需要予測・補充計画の協働プロセスが不可欠である（パワーソックス）。

まさに，CPFRは，QRやECR活動を通じて密接になった製販関係を，さらに，進化させ，情報の共有段階から，計画，予測，補充という業務まで協働して実施するものである。これらから，CPFRのキーワードは，Collaborationにあるといえる。

なお，CPFRの詳細は，拙著『SCM（サプライチェーンマネジメント）の理論と戦略』（税務経理協会）を参照してほしい。

19.2.2　CTM（協働輸送管理）

CPFRは，輸送システムと連携したCTM，すなわち，ロジスティクス事業者を含めて3社が協働して，需要予測，オペレーション計画を共有して，輸配送を行う実験を経て実用化が進んでいる。

なお，CTMは，現在はCPFRの中に組み込まれている。

19.2.3　協働商品開発

チャネルが個々に商品を開発しているため，真に消費者が求めている商品が開発できず売り損じが出ていることや，商品のアイテム数が必要以上に増えて，ロジスティクスコスト増大の要因になっている。そのため，チャネルが消費者の正確な情報の把握や企業横断チーム（Cross-Organizational Team）による商品開発や絶えずテストマーケティングを行い，チャネルが協働して商品開発

を進めることによって，販売機会の損失を最少にするとともに，商品アイテム数を統廃合して絞り込むことが肝要である。

19.2.4 協働商品品揃え

店頭スペースを効果的に活用するため，チャネルが協働して，消費者の視点に立って，新しいカテゴリーマネジメントに移行したり，スペース配分の最適化，さらには，カテゴリーや商品アイテムのスペース配分を頻繁に監視することによって，フロアスペースの利用効果を高めて，品揃えを強化して，売上の増大を図る。

19.2.5 協同販売促進

消費者の視点に立って，チャネルが協働して，価格戦略，販促戦略，販促企画の協働製作，販促情報の共有やトレードプロモーションの簡素化などを推進して効果的販促を実施する。これによって売上の増大を図る。

19.2.6 協働供給計画

小売は，メーカーに対して，一方，メーカーはサプライヤーに対して，不良在庫の発生をできるかぎり少なくするように，需要動向をいろいろ考えて，できるかぎりギリギリまで確定した発注をしない傾向がある。そのため，川上企業であるメーカーやサプライヤーは，このギリギリまで確定した発注を待って，生産や供給をしていてはとても納期が守られないために，不確実性の中で見込生産をせざるを得ない。その結果大きなムダが発生している。このため，小売りはメーカーに，メーカーはサプライヤーに対して，一定期間の最低購入量を提示したり，納入量の確定時期を短縮することによって，お互いの在庫協同して危険負担のリスクを分担することが大事である（事例19－3）。

---事例19－3　シャープの3段階発注---

　商品設計と生産ラインを効率化するだけでは，効率的な週次生産はできない。必要な時に必要なだけ部品を供給してもらうことで，サプライチェーンマネジメントにおける週次生産が成立するのである。

　そこで，部品を納入するサプライヤーに3段階発注という部品調達方式を提案した。8週間前に予測オーダーでおおよその発注量を示し，3週間前に部品がシャープにカスタマイズされる時点で予測オーダーとして発注量を知らせる。

　そして，1週間前に，部品を引き取る確定オーダーを発注する方式である。

　第2段階の予約オーダーについては，シャープが買い取り責任を持つ。

(出所)　ベリングポイント(株)編著『ジャパニーズソリューション』ダイヤモンド社，2002年。

　今までコラボレーション戦略の主なマネジメント活動について，いろいろみてきたが，最近ではこれらの他に，協働VMI，協働CRが推進されている。

　最後に，今まで企業間需給統合と戦略についてみてきたが，それをまとめたものを図表19－1に掲げておく。

　なお，これらの戦略は企業間需給統合の戦略であるが，筆者は，この他に企業内需給統合の戦略として，次のものをあげたいと思う。

① 統合戦略として，生販物統合
② ソーシング戦略として，グローバルソーシング，サプライヤーの集約又はシングルソーシング
③ 投資戦略として，物流拠点の集約，工場の集約

　本書では，これらの戦略について，マネジメント活動として扱っているが，それらを戦略にまで高める必要があると考える。

第19章　企業間需給統合とコラボレーション戦略

図表19−1　サプライチェーン戦略とマネジメント活動

	スピード化戦略	マスカスタマイゼーション戦略	アウトソーシング戦略	製販統合戦略	コラボレーション戦略
戦略	ＪＩＴ ＱＲ ＥＣＲ	延期（フル延期，生産延期，ロジスティクス延期）	３ＰＬ ＥＭＳ 部品設計開発委託	製販同盟	ＣＰＦＲ ＣＴＭ 協働商品開発 協働商品品揃え 協働販売促進 協働供給計画 協働部品設計開発
活動	小ロット短納期生産 リードタイムの短縮 ＰＯＳデータの共有 高品質の納入ロジスティクス ＶＭＩ クロスドッキング ＣＲ ＣＡＯ ＤＳＤ 統合ＥＤＩ ＡＢＣ カテゴリーマネジメント フレキシブル生産	上記戦略関連活動	上記戦略関連活動	情報の共有 情報システム チャネルの責任の明確化 コミュニケーションルールの明確化 需要対応能力の向上	上記戦略関連活動

（参考文献）
1．菊池康也著『ＳＣＭの理論と戦略』税務経理協会，2006年。
2．藤野直明著『サプライチェーン経営入門』日本経済新聞社，1999年。
3．Ｊ．アンドラスキー・舟本共著『次世代SCM, CPFRがわかる本』JMAM, 2002年。
4．舟本秀男著『コラボレーティブコマース』同友館，2005年。
5．関口・三上・寺嶋共著『在庫起点経営』日刊工業新聞社，2005年。
6．VICS "*CPFR Guideline*"
7．VICS "*CPFR*"
8．H. L. Lee, "*Creating Value Through Supply Chain Integration,*" Supply Chain Management Review, September/October, 2000.
9．R. Frankel, T. J. Goldsby & J. M. Whipple, "*Grocery Industry Collaboration in the Wake of ECR,*" The International Journal of Logistics Management, Vol. 13, No. 1, 2002.
10．T. P. Stank, S. B. Keller & P. J. Daugherty, "*Supply Chain Collaboration and Lo-*

gistics Service Performance," CLM, Journal of Business Logistics, Vol. 22, No. 1, 2001.
11. J. T. Mantzer et al., "*Supply Chain Collaboration : The Enablers, Impediments and Benefits,*" CLM, Annual Conference Proceedings, 2000.
12. J. A. Hewson & A. White, "*Collaboration Value Chain Management Over Internet,* "Annual Conference Proceedings, 1998.
13. Michigan State University, 21st Cencury Logistics : Making Supply Chain Integration a Reality, CLM, 1999.

あとがき

　筆者は，すでに税務経理協会よりサプライチェーンマネジメントの理論編として『SCMの理論と戦略』を刊行している。

　この度，サプライチェーンマネジメントの実務編として『実践SCM（サプライチェーンマネジメント）の基礎知識』を著した。

　本書は，サプライチェーンマネジメントの本質は，企業間統合にあり，それが目指しているものは，需要と供給の統合と捉え，それを実現するため。社内的な需要と供給のマッチングに始まって，社外的（企業間）な需要と供給のマッチングのための戦略やマネジメント活動について述べている。

　具体的には，社内的な需給統合については機能別のマネジメント活動を，企業間の需給統合については，サプライチェーンの戦略とそのマネジメント活動について記述した。

　なお，本書に示されている戦略やマネジメント活動は，総じて限られていることや，掘り下げが必ずしも十分でないところから，読者がこれらを通じて，自分が専門としているかあるいは，興味のある部門について，さらに戦略，マネジメント活動や事例を研究することを期待します。

　すなわち，筆者は，読者がサプライチェーンマネジメントについて，T字型人間を目指してがんばってほしいと思います。例えば，読者がロジスティクス部門で働いていたり，あるいはロジスティクスに興味を持っているならば，サプライチェーンマネジメントの実践のための基礎知識を修得した後，さらに詳しくかつ深くロジスティクスにかかわる戦略，マネジメント活動や事例について，研究することを期待します。

　　2008年3月

　　　　　　　　　　　　　　　　　　　　　　　　　　菊池康也

□ 人 名 索 引 □

入江仁之 …………………………… 21
西村祐二 …………………………… 30
馬場広幸 …………………………… 15
吹野博志 …………………………… 83
福島美明 …………………………… 16
藤野直明 …………………………… 48
舟本英男 ………………………… 158
町田勝彦 …………………………… 27
アフリック ……………………… 144
ウエストブルーク ………………… 3
エルラム …………………… 3, 8〜10
ガトーナ ………………………… 140
カルキンズ ……………………… 144
キャビナト ………………………… 3
クーパー ……………………… 8〜10
クリストファー ……………… 8〜10
コイル ………………………… 8〜10
コパチーノ ……………………41, 144
スコット …………………………… 3
ステンジャー ………………… 8〜10
ストック …………………………… 3
ティンダール ……… 29, 41, 65, 73, 81, 155
トレント …………………………… 8
ハンドフィールド ………………… 8

ビリングトン …………………… 3, 23
ポーター …………………………… 1
マスターズ ………………………… 3
モンクツカ ……………………… 8〜10
ラロンド …………………………… 3
ランバート …………………… 3, 8〜10
リー ……………………………… 3, 23
リンチ …………………………… 148
Ballou …………………………… 50
Bardi …………………………… 8, 124
Bowersox ……………… 128, 137, 164
Christopher …………………… 8, 31
Closs …………………… 128, 137, 164
Cooper ………… 128, 137, 138, 164
Coyle …………………………… 8, 124
Ellram ………………… 8, 89, 136
Jayaram …………………………… 3
Lambert ………… 8, 32, 33, 89, 136
Langley ………………………… 8, 124
Lynch …………………………… 149
Mentzer ………………………… 3, 4, 8
Pagh ………………………… 137, 138
Stock ………………………… 8, 89, 136

□ 会 社 名 索 引 □

ＢＬＳ社 ………………………… 150
Burnham Service ………………… 30
ＧＥ ……………………………… 75
ＧＥライティング社 ……………… 75
ＨＰ ……………………………… 139
ＩＢＭ …………………………… 127
Ｐ＆Ｇ ………………… 120, 126, 154
Ryder Integrated Logistics ……… 30

ＵＰＳ …………………………… 123
アスクル ………………………… 57
アトラスコマース社 ……………… 157
イーストマンコダック …………… 81
ウエグマン ……………………… 162
ウォルマート ……… 120, 154, 157, 158, 161
エアバスインダストリー ………… 65
エルエルビーン ………………… 89

171

オムロン……………………………92
花王 ……………………61, 99, 155, 156
カリバー・ロジスティクス ………151, 152
クライスラー……………………………89
シアーズ ………………………………137
シャープ………27, 28, 66, 77, 81, 91, 98, 166
ジャスコ ……………………………155, 156
スカイウエイ・フレイトシステム ……146
セブン-イレブン・ジャパン…………90
ゼロックス ………………………29, 89
ソニーEMCS …………………………74
デル…………………………28, 68, 83, 151
トヨタ自動車 ………………………118
ナビスコ ……………………………162
日本コカコーラグループ………………74
ハイネケンUSA ……………………160
バーナムサービス………………………30
パイオニア………………………………55
ビジネス・ロジスティクス・サービス…150

フィリップス …………………140, 151
フレミング ……………………………122
平和堂 …………………………………120
ヘキスト・シラニーズ…………………73
ベストバイ………………………………27
ヘデックス………………………………29
ベネトン ………………………………136
マッケソン ……………………………122
ミズノ……………………………………84
メルシャン………………………………96
メロン・ロジスティクス ……………146
ヤマハ発動機……………………………66
ライダーIL……………………………29
ライダーシステム社……………………29
リーバイストラウス……………………29
リッチフード …………………122, 123
ローラアシュレイ ……………150, 148
ワーナーランバート …………………161
ワールプール……………………58, 137

□ 事項索引（英語）□

ABC ……………………………128
Advanced Planning System……………109
Advanced Shipping Notices……………126
Agile ……………………………………131
APS（Advanced Planning System）
………………………………109, 117
ASN（Advanced Shipping Notices）
……………………………………121, 126
B2B ……………………………………157
BTO（Build to Order）…………68, 133
CAO（Computer Assisted Ordering）
…………………………………………128
CFAR（Collaborative Forecasting
and Replenishment）………………161
Client Server System ………………112
CLO（Chief Logistics Officer）……101

Collaboration ………113, 145, 159, 162, 163
Concurrent Engineering …………49, 111
Concurrent Planning……………47, 48, 109
Cooperation……………………………113, 145
Coordination ……………………113, 145, 160
CPFR（Collaborative Planning
Forecasting and Replenishment）
………………58, 105, 113, 157, 159〜164
CR（Continuous Replenishment Program）
………………105, 110, 125〜127, 160, 167
Cross-Docking ………………………121
Cross-Organizational Team …………164
CSCMP……………………………………8, 10
CTM（Collaborative Transportation
Management）……105, 113, 159, 164, 167
Design for Logistics …………49, 88, 93

172

Design for Manufacturing …49, 64, 70, 111
Design for Supply Chain …………111
ＤＲＰ（Distribution Requirements Planning）……………………49, 88, 93
ＤＲＰⅡ（Distribution Resource Planning）…………………………49
ＤＳＤ（Direct Store Delivery）………128
ＥＣＲ（Efficient Consumer Response）
　…………1, 27, 117, 124, 125, 161, 164, 167
ＥＤＩ（Electronic Date Interchange）
　………84, 112, 117, 119, 123, 124, 126, 167
ＥＭＳ（Electronics Manufacturing Service）
　………………28, 105, 110, 143, 152, 167
ＥＲＰ（Enterprise Resource Planning）
　……………………………………109, 117
Groupware ………………………………112
ＪＩＴ……………1, 16, 117, 118, 119, 167
ＫＢＳ（Knowledge Based System）…112
Make to Order ……………………132
Make to Stock ……………………132
Manufacturer-Retailer Alliance………153
Mass Customization Strategy…………131
ＭＲＯ（Maintenance Repair & Operations）
　……………………………………73, 88, 93

ＭＲＰ（Material Requirements Planning）……………………48, 88, 93
ＭＲＰⅡ（Manufacturing Resource Planning）………………………48
Open System ……………………………112
Outsourcing ……………………………43
ＰＯＳ（Point of Sale）
　…………………28, 51, 57, 110, 117, 119, 120, 124, 125, 128, 167
ＱＲ（Quick Response）
　…………1, 27, 117, 119, 122, 161, 164, 167
Response Strategy……………………118
Ｓ＆ＯＰ（Sale & Operation Planning）…58
Sales & Operation Planning Meetings …41
Theory of Constraints ………………46
Third Party Logistics ……………110, 143
ＴＱＭ…………………………………124
Value Chain ……………………………1
VAN-EDI ………………………………112
VICS ……………………………………163
ＶＭＩ（Vendor Managed Inventory）
　………………105, 110, 119, 121, 125, 167
Web-EDI ………………………………112
Win-Win ………………………………145

□ 事項索引（日本語）□

（あ）

アウトソーシング……15, 143, 145, 152, 167
アウトソーシング戦略 ………………143
アジル化 ………………………………131
アジル生産方式………………………28

（い）

ｅ－調達 ……………………………72, 75
意思決定支援システム ………………157
一括集荷・配送………………………92

一括物流………………………………92
インターナルサプライチェーン統合
　……………………………………37, 103
インターフェイス活動領域…………50, 111
イントラネット ………………………112

（え）

エクスターナルサプライチェーン………37
エクスターナルサプライチェーン統合
　……………………………………103
エクストラネット ……………………112

延期 …………………131, 132～134, 136, 167
延期戦略 ……………………27, 132, 135

　　　　　　　（お）

オープンシステム ……………………………112
卸売の論理 ………………………………………106

　　　　　　　（か）

カスタマイズ(個客化) ……28, 131, 132, 166
価値連鎖 ……………………………………………1
カテゴリーマネジメント
　　　　………………………128, 162, 165, 167
カテゴリーマネジメント戦略 …………163
カンバン方式 …………………………………118

　　　　　　　（き）

基幹業務統合情報システム ……………109
企業横断チーム ………………………………164
企業間サプライチェーン統合 …34, 37, 103
企業間需給統合 ……34, 103, 104, 117, 131,
　　　　　　　　　　143, 153, 159, 166
企業間需給統合化 …………103, 104, 114
企業間統合 ………………………10, 11, 12, 14
企業内サプライチェーン統合 ………34, 103
企業内需給統合 ……34, 37～40, 45, 53, 54,
　　　　　　　　　　61, 62, 69, 71, 78, 87,
　　　　　　　　　　93, 95, 103
企業内需給統合化 ……………………43, 51
企業内ネットワーク ……………………112
企業の論理 ………………………………………20
キャッシュ・フロー ………15～17, 26, 127,
　　　　　　　　　　143, 144, 160
供給管理 ………………………………………………8
供給計画 ……………………………28, 39, 41
供給計画確定期間の短縮化 ……105, 109
供給連鎖 ………………………………………………2
業績評価基準 ………………………………………24
競争戦略 ……………………………………………13

競争優位性 ……………11, 14, 17, 50, 131,
　　　　　　　　　　143, 147, 162
協働 ……8, 10, 105, 113, 114, 145, 159～165
協働ＣＲ ……………………………………………166
協働ＶＭＩ …………………………………………166
協働供給計画 ………105, 114, 159, 165, 167
協働計画・需要予測・補充 …113, 159, 160
協働需要予測・補充 ………………………161
協働商品開発 ………105, 113, 159, 164, 167
協働商品品揃え ……………………165, 167
共同調達 ……………………………………72, 74
共同配送 ……………………………………88, 90
共同配送システム ……………………………90
協働販売促進 ………………114, 159, 167
協働品揃え …………………………………………114
協働輸送管理 ………………………113, 159

　　　　　　　（く）

クイックレスポンス ……………………117
クライアントサーバーシステム ………112
グループウェア …………………………………112
グローバリゼーション …………………………14
グローバル化 ………………………20, 71, 143
グローバルソーシング ……………28, 72, 76
クロスドッキング ………121, 122, 124, 167

　　　　　　　（け）

計画確定期間の短縮化 ……………………47
計画立案の多頻度化 ………43, 47, 105, 108
継続的商品補充 ………………110, 125, 126
原材料・資材所要量計画 ……………………48

　　　　　　　（こ）

コアコンピタンス（競争力の源）………14
購買部門の集約 ………………………72, 73
効率的在庫補充 ……………………124, 125
効率的品揃え ………………………………124, 125
効率的消費者対応 …………………………1, 117
効率的商品導入 ……………………124, 125

効率的販売促進 …………………124, 125
小売の論理 ……………………………106
顧客価値 ………………… 9, 11, 14, 26
顧客サービス …45, 50, 88, 89, 90, 117, 118,
　　　　126, 145, 147, 148, 150, 153,
　　　　160
顧客サービス水準………………………31
顧客サービスの向上…………………110
顧客サービスレベル………………59, 117
コモディティ化……………………16, 131
コラボレーション……………91, 159, 167
コラボレーション戦略………………27, 159
コンカレントエンジニアリング………16
コンピュータ支援発注………………128

(さ)

3PL (Third Party Logistics)
　………………28, 29, 105, 110, 143, 146,
　　　　150～152, 167
サードパーティロジスティクス
　…………………………144～149, 152
在庫集約………………92, 132, 134～138
在庫分散………………………132, 134～138
最適化 ………………15, 37, 103, 125, 145, 145
最適化計画………………………………46, 48
先送り…………………………………49, 140
サプライチェーン
　…1～4, 7, 13, 16, 17, 20～34, 41, 57, 105,
　　　106, 111, 137, 138, 147, 157, 163
サプライチェーン情報システム………33
サプライチェーン戦略………………27, 30
サプライチェーン統合…………………34
サプライチェーンネットワーク………32
サプライチェーンマネジメント
　………………1, 7～27, 37, 103, 162, 164, 166
サプライヤーの集約……………28, 73, 73
差別化戦略……………………………153
3段階発注……………………………166

(し)

システム思考……………………………26
事前出荷通知…………………………123, 126
自動発注………………………………128
自動補充………………………………120, 126
ジャストインタイム…………68, 117, 121
需給調整…38, 39, 61, 95, 96, 98, 99, 100, 106
需給調整機能……………………………96, 101
需給統合 ………15, 37, 38, 95, 153, 154
受注組立・生産………………………133
受注生産…………………68, 109, 132～138
受注リードタイム………………………88
受注リードタイムの短縮化……………91
需要維持………………………………153
需要管理…………………………………8
需要管理活動……………………………54
需要管理機能…………………………53, 61
需要計画………………………33, 39, 41
需要コントロール………………54, 55, 59
需要対応能力…43, 44, 46, 105, 108, 167
需要の平準化……………………………56
需要プル型商品供給………………27, 28
需要プル型生産システム………………64
需要プル型調達システム………………72
需要予測…28, 37, 39～42, 45, 53～58, 63,
　　　　97, 98, 104, 112, 113, 119, 125,
　　　　157, 159, 161, 162
順次計画………………………………47, 48
商品補充………………………………125, 162
情報の共有………………107, 154, 157, 167
情報の共有化…………43～45, 105, 107, 155
商流ネットワーク………………………31

(す)

スピード化 …14, 43, 46～48, 53, 60, 63, 65,
　　　　69, 71, 75, 76, 78, 83, 85, 87,
　　　　91, 93, 104, 108, 111, 112, 131,
　　　　145, 145

スピード戦略 ……………………117, 118
　　　　　　（せ）
生産延期……………………27, 137, 138, 167
生産延期戦略…………………29, 135, 139
生産確定期間の短縮化 ……………64, 66
生産機能 …………………………63, 69
生産計画サイクルの短縮化……………66
生産計画立案の多頻度化……………64, 66
生産決定時期の早期化…………………66
生産資源計画……………………………49
生産戦略…………………………………38
生産調整会議……………………………97
生産の先送り …………………………64, 67
生産の論理 ………………………44, 65
生産リードタイムの短縮化 ………64, 67
生販物統合会議 ………60, 61, 67, 95, 98, 99
製販統合戦略………………………153, 167
製販同盟……………153～155, 157, 167
製品開発期間の短縮……………………84
製品開発設計………………78, 80, 83, 104
製品開発設計機能………………………85
製品開発設計システム…………………80
製品開発設計リードタイムの短縮化
　　　　　………………………………80, 84
制約理論…………………………………46
セル生産……………………………64, 69
全体最適 ……22, 43, 44, 53, 54, 63～65, 71,
　　　　78, 80, 87, 88, 105, 106
先端プランニングシステム …………109
戦略的アウトソーシング …………110, 151
戦略的提携 ………………145, 148, 149
　　　　　　（た）
大量個客化……………………………131
ダイレクトモデル…………………27, 28
　　　　　　（ち）
調達, 生産, 販売の一括管理…………27

調達確定期間の短縮化…………………76
調達機能…………………………………71
調達計画立案の多頻度化 …………72, 76
調達の論理 ……………………44, 72
調達リードタイムの短縮化 ………72, 77
直送……………………………………128
　　　　　　（て）
デジタルピッキングシステム…………51
デルモデル………………………………28
電子データ交換……………………84, 112
　　　　　　（と）
統一業績評価基準設定 ………………113
投機………………………………132～134
同期化……41, 43～46, 54, 63, 64, 69, 71, 72,
　　　　78, 80, 87, 88, 104～108, 112, 153,
　　　　159
統計的予測方法…………………………56
統合ＥＤＩ……………………………128
同時並行エンジニアリング化…43, 105, 111
同時並行計画化……………………47, 105, 109
トータルシステム………………………9
トラック移動管理システム……………51
　　　　　　（の）
納期短縮…………………………………26
納入物流…………………………………92
納入物流の効率化………………………88
　　　　　　（は）
バーコード …………………………121, 124
パートナーシップ ………14, 17, 124, 145
パートナーシップ化……………24, 104, 112
パートナーシップ戦略…………………17
バックホールシステム ………………92, 93
ハブ倉庫…………………………………92
販売・業務計画…………………………58
販売・業務計画会議……………………41

販売計画立案の多頻度化 ……………54, 60
販売戦略 ……………………………………38
販売の論理 ………………………………44, 54

　　　　　　（ひ）

ビジネスモデル ……………………27, 162

　　　　　　（ふ）

不確実性 ………………………19, 20, 22, 165
複雑性 ………………………………14, 19, 59
物流拠点 ……………………………………3, 92
物流拠点の集約 ……………………………92
物流リードタイムの短縮 ……………………91
部品設計開発委託 ………………143, 152, 167
部品の共通化 ……………43, 51, 80, 84, 140
部分最適 …………………………………22, 145
部門最適 ……………………………………65
ブルウィップ効果 …………20, 107, 119, 157
フル延期 …………………………………138
フル延期戦略 ……………………………135
プル生産方式 ………………………………65
フル投機 …………………………………138
フレキシブル生産 …………………128, 167
プロセスの同期化 …………………………53
プロダクトアウト …………………………64

　　　　　　（へ）

ベンダー在庫管理 ………………110, 119

　　　　　　（ほ）

ボトルネック ………20, 24, 43, 46, 105, 107

　　　　　　（ま）

マーケットアウト …………………………64
マスカスタマイゼーション ……13, 131, 167
マスカスタマイゼーション戦略 ………131

　　　　　　（み）

見込生産 …………68, 109, 132, 133, 135,
　　　　　　　　　136, 138, 165
短い生産サイクル …………………………41

　　　　　　（む）

無在庫物流 ………………………………121

　　　　　　（ゆ）

輸送計画システム ………………………51
輸配送計画 ………………………………51

　　　　　　（ら）

ライフサイクル ………………13, 19, 84, 153

　　　　　　（り）

リードタイム ………17, 20〜22, 27, 43, 44,
　　　　　　　　　47, 49, 59, 68, 71, 108,
　　　　　　　　　110, 118, 119, 124, 132,
　　　　　　　　　161, 167
リーン（ＪＩＴ）生産方式 ………………27
リーン化 …………………………………117
リーン生産システム ………………………16
リーン戦略 ………………………………118
リスクと報酬の共有 ……………………113
リテイルリンク ……………154, 157, 158
流通資源計画 ……………………………49

　　　　　　（れ）

レスポンス戦略 …………………………118
連続補充方式 ……………………………125

　　　　　　（ろ）

ロジスティクス延期 ………136〜138, 138, 167
ロジスティクス延期戦略 ………………135
ロジスティクス機能 ………………………87
ロジスティクス事業者の集約 ………88, 90
ロジスティクス事業者の論理 …………106

ロジスティクスネットワーク ………88, 91
ロジスティクスの先送り ………88, 92, 105
ロジスティクスの論理 ……………44, 88

<著者紹介>

菊池　康也（きくち・こうや）

　1937年　群馬県前橋市生まれ
　1961年　一橋大学商学部卒業
　現　在　会社および大学勤務を経て，現在，サプライチェーン・ロジスティクス研究者として執筆，調査研究，講演活動に従事
　主な著書　「物流再構築のすすめ」（同友館）
　　　　　　「２時間でロジスティクスがわかる本」（同友館）
　　　　　　「物流リエンジニアリング」（中央経済社）
　　　　　　「実例にみる物流人材育成戦略」（中央経済社）
　　　　　　「最新ロジスティクス入門」（３訂版）（税務経理協会）
　　　　　　「物流管理論」（改訂版）（税務経理協会）
　　　　　　「ロジスティクス概論」（税務経理協会）
　　　　　　「戦略的ビジネスモデル（サードパーティロジスティクス）入門」（税務経理協会）
　　　　　　「ＳＣＭサプライチェーンマネジメントの理論と戦略」（税務経理協会）
　　　　　　他多数

著者との契約により検印省略

平成20年5月1日　初版第1刷発行

実践ＳＣＭ（サプライチェーンマネジメント）の基礎知識

著　者	菊　池　康　也	
発行者	大　坪　嘉　春	
印刷所	税経印刷株式会社	
製本所	株式会社　三森製本所	

発行所　東京都新宿区下落合2丁目5番13号　株式会社　税務経理協会
郵便番号 161-0033　振替 00190-2-187408　電話(03)3953-3301(編集部)
FAX(03)3565-3391　(03)3953-3325(営業部)
乱丁・落丁の場合はお取替えいたします。

Ⓒ　菊池康也　2008　　　　Printed in Japan

本書の内容の一部又は全部を無断で複写複製（コピー）することは，法律で認められた場合を除き，著者及び出版社の権利侵害となりますので，コピーの必要がある場合は，予め当社あて許諾を求めて下さい。

ISBN978-4-419-05016-0　C1034